gleam BOOKS

税のかたちは国のかたち

財政再建のための24のポイント

pay one's tax in four installments

be in arrears with taxes

星野 泉

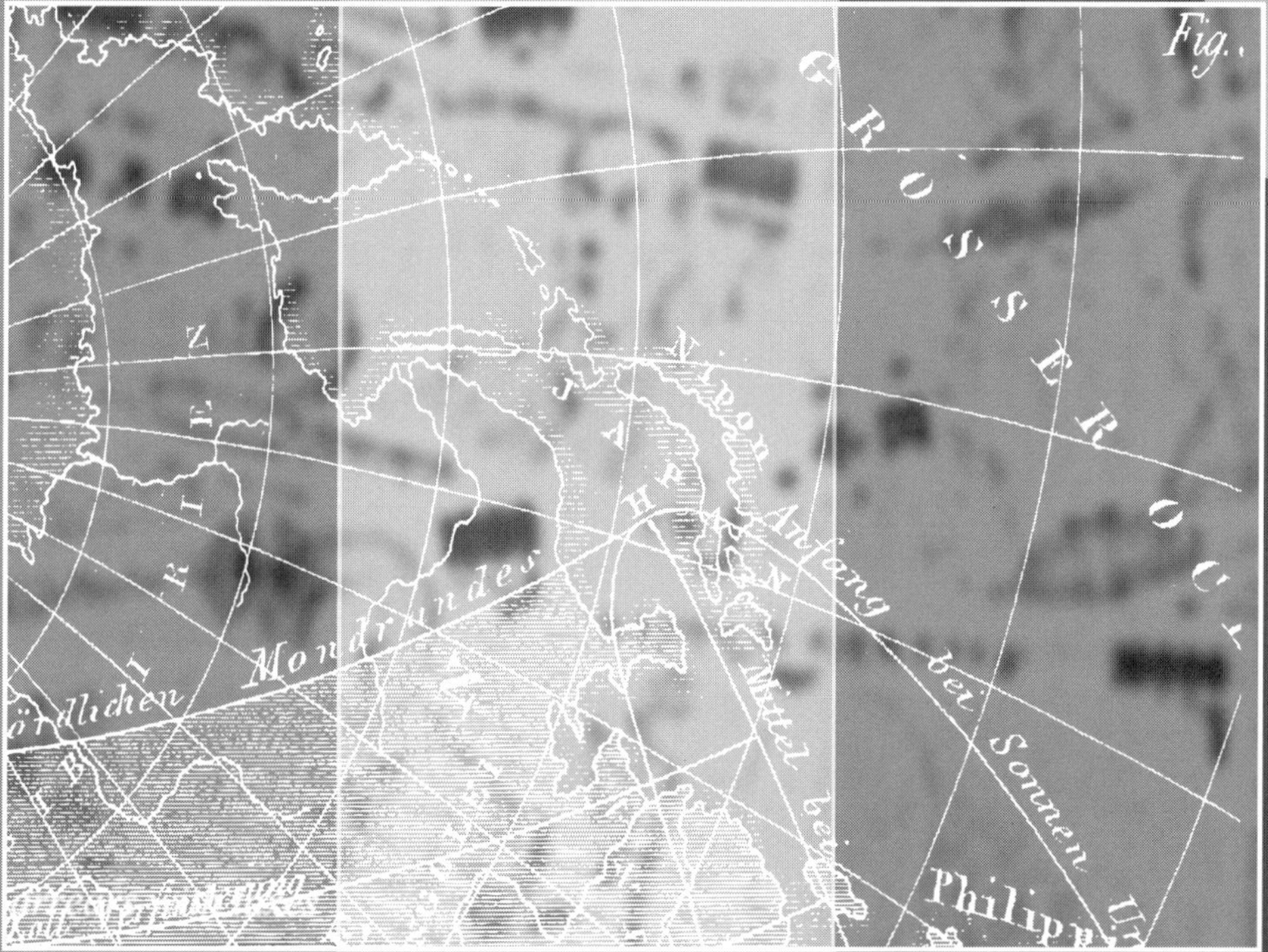

be in arrears with taxes

refund a tax

collect taxes

receive a tax refund

I paid my tax in kind.

tax arrears; tax delinquency

There is a tax of 8 percent on this article.

The government plans to impose heavier taxes on luxury items

株式会社 朝陽会

まえがき

大変残念なことであるが、日本という国の特徴なのか日本人の特徴なのか、われわれは、日常生活のあまりの忙しさゆえか他国の経験や過去の経験から学ぶことが苦手なようである。そしてあまりに忘れやすい。数十年の年月を超えると、そして世代が代わるとなかなか実感をもって受け止められないため、問題への意識が薄れてしまう。それでも、火山の噴火、地震、津波などの自然災害は、近年起きたあまりに衝撃的な出来事であり、復興に追われる地域にとっては大きな課題に直面しており、他の地域の人々でも関心を寄せている人が多い。しかし、戦争や原発事故などの人災はどうか。関係地域や関係の人々を除けば実感の乏しい出来事であり、次第に記憶から消されていきそうである。また、様々な利害が絡んでいることもあり、議論がしづらい状況にもある。戦争と違い、原発事故はわずか4年しかたっていないし、ほとんど何も解決していない。日本より敏感に反応している国も多いのになぜ、である。

もう一つ、今後、人災として生じる可能性のある大きな課題として財政の問題がある。高度成長期以降でも、様々な経済危機が生じてくると、財政危機の心配が提示され対応策が議論されたが、対応が十分であったか、正しい方向を向いていたかというと必ずしも明らかではない。そうした課題に対しては、おもに国債発行と公共事業拡大、減税、金融政策で対応され、なんとか今日に至ってはいる。しかし、根本的でない対応を積み重ねてきた結果、国債残高は膨れ上がり租税負担率は減少、金融政策も極限まで進められ、財政金融の硬直性はいよいよ高まり、裁量的に動ける範囲や選択肢は極めて小さくなってきた。

周知のとおり、日本の人口は２０００年の初めにピークとなって、その後減少の方向に向かっている。65歳以上の高齢化率は、１９９０年代中頃までは、先進国に若干みられる程度の高さであったが、この20年間でとびぬけて高齢化が進んだ国となってきた。厚生労働省の２０１３年人口動態統計によれば出生数は過去最少、死亡数から出生数を引いた自然減は24万人弱で過去最大となった。合計特殊出生率は１・43で過去最低を記録した１・26ショックからかなり立ち直りつつあるともいえるが、このくらいでは追いつかないということになる。自然増が最も大きい沖縄県でさえ出生率は１・94、人口維持に必要とされる２・07を下回っている。出生率が多少高まっても人口が減少するという現実がある。２０６０年に1億人を維持するためには、生涯未婚率も計算に入れると、既婚夫婦の半分以上は少なくとも３人以上の子供をということであり、現状では不可能な状況にある。

ＷＨＯの World Health Statistics 2014 によれば、２０１2年の合計特殊出生率について、数値の高い国は途上国型人口問題、人口爆発を抱えるアジア、アフリカ、南米の国々。先進国の合計特殊出生率は、ほとんどの国で2を切っており、かろうじて2を維持しているのはフランス、アメリカ、ニュージーランドくらいでごくわずか。そのほか、北欧4か国すべて１・9、イギリス１・9。このように、少子高齢社会対策の先進事例を進めるスウェーデンでさえ、人口維持水準を下回っているということは衝撃的である。一方、イタリア、ポルトガル、スペインなどの南ヨーロッパでは１・３から１・５で、日本と同様の低い水準にある。財政をめぐる課題も大きくなりそうである。
　原発は安くて安全。企業減税すれば経済は活性化する。企業も公共も人件費を削ることが経済に良い影響を与える。国債は日本人が買っているのだから大丈夫。様々な常識があるが、本当にそうなのか。国際的に比較したり、歴史的に見ていくことにより、改めて検証していく必要がある。

２０１５年５月15日

星野　泉

目次

1 財政や政府は、なぜ必要か

財政とは何のためにあるのか。財政学の基本的テキストでは、一般にマスグレイブの論をベースに財政の機能（あるいは政府の機能）が3つ紹介される。①資源配分、②所得再分配、③経済安定化である。日本の場合ならば、予算を中心に財・サービスを供給するのが資源配分。所得税・法人税、社会保障などで所得を分配しなおして平準化するのが所得再分配。累進課税など制度的に経済を安定させる効果をもつビルトイン・スタビライザー（経済の自動安定化装置）と、公共事業など裁量的財政政策により景気循環の中で経済安定を図るのが経済安定化機能。最近では、これとは別に将来世代への配慮、環境の保全、経済成長、体制の維持など、新たに付け加えられてきたものもあるが、どれもこの3つに付随するものである。

いずれも、強制的に徴収したお金である税金や社会保険料等を財源としてこれを再配分することで、様々な役割を果たすことになる。こうした財政に関わるお金の動きの特徴は、払った人とサービスなどを受けた人は、必ずしも同じではない、というより、かなりの場合、異なる。民間のやり取りならば、何かを得る対価としてお金を支払う。商品やサービスを「買う」わけである。しかし、財政とのやり取りは、直接的に何かを得るために支払うものではなく、支払った結果として、国内で、あるいは全地球規模で影響を受ける。

政府や財政の形は、大きく2つの方向性がある。国民・企業が政府に対し、たくさん払ってたくさん戻されるのが大きな政府、あるいは高福祉高負担というものとなり、あまり払わずあまり戻さないのが小さな政府、あるいは低福祉低負担となる。高負担国家は財源があり概して政府は豊かで、公務員も多い。国民は可処分所得が少ない分質素な生活であるが、公共サービスが個人的事情をあまり斟酌《しんしゃく》しない普遍主義の下で所得制限をかけず多くの人々に提供されるから、必要不可欠な生活レベルは確保される。このタイプの代表が北欧諸国である。一方、低負担国家は財源がない分政府の利用できるお金は少なく公務員も少ないが、その結果、国民の可処分所得は相対的に大きい。このタイプの代表がアメリカである。国によって再分配の形態が異なることによって、財政の程度は異なり、この2つの両極端のタイプの間のどこかに各国は位置することになる。

一方、かつて第二の予算と呼ばれ、一般会計を補完した財政投融資は、政府の金融活動ともいうべきもので、郵便貯金や簡易保険など政府が国民から借り入れた財源を公社・公団などに貸し出すことによって、高度成長期の産業基盤整備や生活基盤整備を支えてきたものである。こうした強制的に集める税金ではない財源が、工業立地や上下水道、住宅供給に当てられることで、税金による予算を補完してきたのである。結果として、低負担で日本の高度成長を支えてきたとはいえ、そもそも税金でやるべき教育、福祉の分野まで財投に担わせてきたのではなかったか。

日本においては、この30年、財政の3つの機能は力をなくすばかりである。個人や企業の負担能力に応じた税制は浅く広くの税制に変わり、公共部門の提供する公共財の範囲は狭く限定されてきた。高度成長を支えた財政投融資の役割も極めて小さくなった。この状況を読むために、財政の意義について考えてみたい。わざわざ強制的にお金を取り上げる税金などによって、なぜ、政府なるものをつくらねばならないか。どのあたりまで財政が関わるべきか。以下、必要性とその範囲を考える。

2 変化してきた公共部門の経済活動

財政とは、公共部門の経済活動である。

国民は、国・都道府県・市町村などの、いわゆる公共部門について、選挙によって議員や首長を選び、彼らの政治的決定をもとに「行政サービス」が提供される。近年ではさらに、公務員のみではなく、委託先・関係企業、ＮＰＯ、ボランティアなど、様々な人々や団体とともに単なる行政サービスの範疇《はんちゅう》を超えた「公共サービス」が提供されるようになってきた。今日、行政サービスから公共サービスへとサービス提供の関係主体が多くなるに従い、各担い手はサービス供給に関してそれぞれ責任をもち、互いに説明責任を負う。ガバメント（政府）からガバナンス（協治）の時代に入って、公共部門およびその経済活動、お金の出し入れもより複雑さを増してきている。そこにチェックアンドバランスの必要はますます高まってくるのである。

かつて、さかんに議論された事柄に、公共部門が出資あるいは経営する公社や地方公営企業などの公企業や第３セクター、公益企業における「公共性」と「経営性」という論点がある。公の関わり方によってその位置関係は異なってくるが、二兎を追いにくい目標であり、そのバランスのかけ方について議論されていた。独立採算か税収などからの補助を受けるか。料金設定、事業展開する地域、サービス内容をどうするか。たとえば、営業ベースにのりにくい地域の公共交通、病院整備、上下水道などをどう運営するかである。

しかし、平成不況による財源不足および急速な少子高齢化の進展に伴い、公共部門の活動や経営能力への疑問が提示されるようになってきた。バブル景気の到来前後に、観光開発など本来の活動範囲を超えるものへ参入したことも公共部門への大きな疑問提示の端緒となったといえるだろう。年金資金による保養施設や第三セクターによるテーマパークが記憶に新しい。さらには、１９８０年代以降のいわゆる新自由主義的政策が金余りを生み出し、流れ込んだ金が公も民も無謀な分野への参入を生み出したともいえるだろうか。

このように、公共部門と民間部門との共同作業が多くなるにつれて、公と民の境界があいまいになり、公としての意義、必然性もあいまいになりつつある。民間でできることは民間でというのは当然であり、その範囲は民間で供給すべきサービスとなるが、公共部門が採算ベースにのせることや経営することのみを追求した場合、いったい何のための公なのかということになる。

問題は、公共部門の存在意義を再検討すること、そして何を公共部門で何を民間部門で供給するかの分別である。

3 人間の一生と公共

人間の一生は今や男性は80年、女性は90年にもなってきた。人は、生まれ、育てられ、教育され、通常は数十年の間、働いて収入を得て生活する。歳をとって働くのをやめた後には、いわゆる老後の生活がある。会社や団体に勤めたり経営したり、働いて収入を得るという行為。結婚、出産、子育て、教育、介護など、収入確保とは直接関わらない人間生活関連の活動。こうしたことが組み合わさって一生がある。その間、常に健康でいられる者もそう多くはないだろう。

仕事の面では、終身雇用・年功序列・企業内組合をベースとする日本的経営の崩壊、非正規労働の増加、家庭内では核家族化、働く女性の増加に伴う専業主婦の減少、少子化および高齢化率の増加など、ここ数十年の変化は極めて大きい。かつては、人間生活関連の活動の多くを人手がある家族内で対応できた。比較的大きな企業に勤めていれば、配偶者手当、児童手当、住宅手当、退職金、企業年金など、家庭内福祉を手助けしてくれる制度もあった。企業によっては、休みに出かけるための保養所も用意されていたかもしれない。

状況が変化するにつれて、教育や福祉の社会化への期待、公共サービスへの期待は、その範囲ではむしろ大きくなってきた。企業という傘、家族という傘、こうしたものが小さくなってきている中で、今後は公共部門という傘をどう張り替えていくのかが問題となる。

公園、公共体育館、公共図書館、公共サービス、さらに公的医療、公的年金。公であることの意味は、適宜、税が投入されているため、利益を見込んだ商業ベースの料金設定よりも安い、多くの人が利用できる、時には無料。それでいて、それを供給する側の人々の立場も保障されるというものであった。

企業において、公共において、コスト感覚が重視されるようになり、消費者主権は、今や雇用主主権と同義語になりつつある。雇用形態が不安定化するに従い、そして競争の激化に伴い、消費者の要望にこたえるため、雇用する側の立場は雇用される側の立場よりはるかに強くなりつつあり、消費者の要望は雇用する側の要望となる。雇用主と消費者の望む安い商品づくり、サービス提供のために雇用の不安定化、雇用条件の悪化などが生じるケースも出ている。

消費者は働き手でもある。公共サービス従事者が公であるか、民であるかにかかわらず、働く者と消費者たる国民がいい形で関わり、よりよいサービス提供をするにはどうするかを考えていかねばならない。

4 公に払うか民に払うか―家計収入の使い道

家計収入は、消費に回すか貯蓄するか、あるいは税や社会保障などの公的負担に回すか。もし、公的負担がなかったとしても、得られた収入をすべて使えるわけではない。公的負担をしなかった分、将来のため、なんらかの形で貯蓄や自己負担を増やさねばならない。公共サービスが低下するとなれば、その分の自己負担が必要となる。公共部門の警察・消防といったサービスに依存しないなら、住民は、自ら警備保障会社などと契約しなくてはならないし、公的年金や医療保険がなければ、民間の保険に加入するだろう。要は、貯蓄や保険を自分で（民間で）するか、公共部門に託するかの違いである。

平均寿命が上昇する中で、20歳前後から60歳前後まで働くとしても、その間、結婚や子育て、教育、リタイア後の生活など様々な場面に遭遇する。収入は低いが自由な部分の大きい青年期。収入が増えてもその分抱えるものも増えてくる中年期。このあたりは、何人家族か、共稼ぎか片稼ぎか、子供は公立学校か私立学校か、健康状況など様々な要因によって異なる。結婚しないという選択をする人もいるかもしれない。そして、年金中心の生活となる老年期。収入をすべて使えるわけではなく、歳をとる過程で生涯収入をバランスよく配分することになる。

税や社会保険料の負担感が大きければ、公共部門は大きすぎるから、もっと小さく、民営化や民間委託へ、との論に向かうことになる。一方、民間の商品やサービス購入の負担感が大きければ、生活費がかかる、物価が高いといった観点から公共サービスへの期待が高まることになる。このように、国民それぞれの立場によっても違ってくるものであり、一般的には、国際競争にさらされ海外に工場（土地）や従業員を求めることで価格を引き下げられる可能性が大きい民間部門と、国内でサービス展開し、再分配機能も求められる公共部門では、後者にハンデがあるのは仕方のないところであろう。

また、企業は、パートタイムやアルバイトを戦力として期待し、フリーターを問題としながらも利用してきた側面がある。公も含め、スリム化、リストラを進めると、こうした雇用形態が拡大する。また、国際競争力を理由に、企業とくに大企業が社会保障負担の増加を回避し、高齢社会の財源を、雇用と関わらない消費税に期待する傾向もある。こうした方法で日本経済が復活したとしても、年金システムへの不安感が生み出され、その結果、公共部門のセーフティネットをより厚くしていかざるを得ない。つまり再分配機能も高めていく必要が出てくる。

また、若い層が、今保険料を支払って将来受け取れるかどうかばかりに目がいくために、自分の親族が年金給付を受け取っていることも見ておかねばならない。負担と供給の両面で、公と民の役割分担をどうするか、その役割についてもう一度考えるべき時期に来ている。

女性が仕事を持つことが一般的となり、ヨーロッパ諸国に比べ、長い労働時間、育児休暇などの女性雇用制度の不十分さにさらされるなら、男性を含め家庭の大人がみな疲れきった状況になる。子供にとってもいいとはいえないだろう。ヨーロッパのよいところだけを真似することはできない。高い負担水準や低い可処分所得というヨーロッパと同じような生活様式も、想像の範囲内に置かなければならない場面も出てくるのではないか。

5 財政だからできること―公共部門の本質論

租税は、商品の移動や金融を伴わず、強制的に、何の対価もなく賦課・徴収・負担するということに本質がある。かつて鈴木武雄教授が「貨幣の強権的無償流通」の1つとしてあげていたことである。税は公権力を背景としており、少なくとも直接的には、財・サービス供給の対価として存在するものではない。国民としては、主として選挙の際の投票行動で、負担とサービスの関係及びその内容について、意思表示が可能となる。

“Finance”という用語は、辞書を開けば、金融、財政などの訳を目にすることになる。共に「貨幣に関すること」であり、公共部門のことであれば財政、民間部門のことであれば金融ということになる。金融と区別するために、公共は前に“Public”をつける。鈴木教授は、公共部門のお金の動きについて、財政と金融の両面から整理し、公共部門（財政）と民間（企業・家計）の間には財・サービス・資金が次の3つルートを通じて動くことを示した。

① 貨幣の産業流通

財政と企業との関係の場合、国や自治体は企業から様々な消耗品や備品等を購入し、歳出分類としては物件費として代金を支払う。企業の側から見れば、販売収入となる。財政と家計との関係では、公務員として公務労働に対し給与を支払い（人件費）、公務員は、給与所得を受け取る。また、料金や使用料・手数料の形で企業や家計が公共サービスに対し負担することもある。これらは、いずれも、お金が支払われる代わりに、財やサービスなど、なんらかの対応物が存在するものである。

②　貨幣の金融流通

貨幣のみが一方的に流れるもので、公共部門が貸し手となる場合、財政投融資に含まれるような政府機関からの融資が、公共部門が借り手となる場合、国債・地方債発行や郵便貯金・簡易保険等による民間からの資金移動がある。いずれも、その反対の流れとして公債の償還や保険金支払もある。この特徴は、債権や債務は生じるものの、財やサービスといった対応物は存在しないこと、そして、強制的に実施されるものではないという点である。

③　強権的無償流通

上の2つと異なり、企業税制にしても個人税制にしても、租税は強制力をもち、反対給付や償還などお金や物の還流を伴わないという点に大きな特徴がある。ここに、「強権的無償流通」という用語が用いられることとなる。強制力という点では、年金や介護保険の保険料も拠出段階においては同様であるが、将来的に戻ってくることや無償ではないという点を考慮すれば、むしろ金融流通に近いともいえる。しかし、少子高齢社会を迎えた今日、年金も積立方式から賦課方式へ変化する中では、入口と出口が必ずしもリンクしない点で、強権的無償流通の範疇とみてよいだろう。また、生活保護や企業向けの補助金等も、制度的に組み入れられているという点でここに含まれるとみられる。

50年以上も前の、高度成長期初め頃主張された鈴木教授の本質論の興味深い点は、税の強制性・義務性とともに、必ずしも反対給付が存在しないことを示した点である。現実をみるならばより明らかになるように、まず需要があってから税負担が発生するとは限らない。1979年の一般消費税案、1986年の売上税案、1989年に実際に導入された消費税まで続いた3つの日本型付加価値税導入論も、目的が財政再建から、公平・中立・簡素の実現、高齢社会対応など、その都度変化し、その間、財源確保の規模も、増税超過から税収中立型、減税超過型へと変化した。また、これまでは高い貯蓄率を背景に、国債が税負担増の緩衝として機能してきたし、「無償流通」とはいえないが、最近では社会保険料負担を上げることで税負担増を押さえる役割を果たしてきている。

対価を求められない権力的システムである「財政」だからこそ、できることがある。経営的観点からは問題であっても、税金を投入しても、あるいは増税してでもやらなければならないものはやる。必要ないものはやらない。ゼロベースで1から国民的議論が必要だ。目についたものをスケープゴートにするのではなく、優先順位を明確化すべきである。ヨーロッパのような社会政策の伝統が乏しく、家庭内・企業内福祉の伝統から動き始めた日本に求められているのは、まずこの点である。安心できる福祉型の少子高齢社会の実現には負担増が伴うであろうが、今、公共部門に何が求められているのか、そして、そのための負担構造を、公平の観点から抜本的に見直すことが必要である。

6 財政の機能の1つ目：資源配分機能

それでは、マスグレイブが整理した、財政の機能の1つ目、資源配分機能についてみよう。これは、住民から徴収した租税や社会保険料、国債・地方債といった公債など各種財源、あるいは人的資源を、公共部門が様々な方面に配分・支出することである。その作業をするために公共部門が必要であるとされる。

では、どのようなサービスを公共部門の仕事とするのであろうか。公共財の議論では、他人が利用・消費しても自分の利用・消費量が減らない、取り合いにならない、競合しないという非競合性をもち、負担を拒む人をサービスの対象外にしようと思ってもなかなかはずせない、その利用から除きにくいという非排除性をもつような財・サービスを公共財として、公共部門が提供すべきとしている。

純粋な公共財とは、いわば頭の上からシャワーのように降ってくるようなサービス、シャワーの水がかかってきてしまって逃れようもない、といったサービスである。どれだけの水、しずくがかかり、どれだけきれいに洗えたかなどということを判断するのは難しいし、負担があるなら私はいらないなどといってみても、浴びせられてしまったらその恩恵を受けてしまうのである。一定の人だけにサービスを提供して課金することは困難となる。そうした観点からは、（みんなで）集合消費、（同じ量）等量消費という表現が当てはまる。

以上の事柄に最も適合する例といえる外交・防衛のようなサービスの供給は、純粋公共財として、公共部門が供給することになる。公共部門が望ましい量の財・サービス供給を行い、それに対し負担を求めるためには、（強制的な）税という手段を用いないと、直接の受益者や負担者を特定しにくいため、フリーライダー（ただ乗りする人）をつくり出したり必要十分な量や質を提供できないのである。

そして、この非競合性と非排除性を併せ持つという基準を完全には満たさない財・サービスとして、「準公共財」あるいは「混合財」がある。これらの例としては、図書館やプールがあり、本の量、座席数、あるいはスペースの限界から、競合する可能性や入館・入場の際に排除可能な面もある。

また、お金を払わないから財やサービスを提供しないというようにサービスからの排除が比較的容易で、ある人へのサービス提供により他の人への配分が減ってしまうような競合するという特徴をもち、サービスの受益者から料金をとることが可能であるような類いのもの。こうした、基本的性格としては民間財（私的財）であっても、教育・保健・公営住宅のように、料金設定、供給量、質の観点から公共部門が供給することに意味があると考える「価値財」とよばれるものもある。

今日、競合性、排除性という基本的基準を当てはめると、純粋な公共財とされるものは、実はそれほど多くない。準公共財あるいは価値財の範疇が広く、民間で供給しようと思えばできるものがほとんどである。一般には公共財とされる警察・消防でさえ、警備保障会社などに取って代わらせようと考えれば部分的には可能であるかもしれない。警察官やパトカー、消防士や消防車など、通常は問題がなくとも、危機の際には量的には限界がないとはいえず、競合するかもしれず、排除可能な面もある。一般公共サービスの類もしかりである。そう考えると、刑務所から国防まで民営化の議論はつきない。

このように準公共財・混合財の範囲が広いことから、また財源の限界から、近年の改革では、この分野を民間財として公的供給を減少させる方向がみられる。さらに、議論の余地があるものについて公共財の範囲を狭くとる、政府の温情ともいわれた価値財の範囲を狭くとる方向に政策展開されているところである。うまく進めればすばらしい住民協働も、時にこうした傾向をもつ。すなわち、資源配分の範囲を狭く純粋公共財に限る傾向は進みつつある。

資源配分機能を発揮すべき分野には、次のような分野も含まれる。

①　外部性のあるもの

市場を通じることなく、ある活動が他に影響を与えていることを外部性あるいは外部効果といい、公共部門が関与する必要が出てくる。また、外部効果を期待して公共部門が関与する場合もある。このうち、外部的要因によって便益を与えたり受けたりするもの、つまり望ましい状況をもたらすケースを外部経済といい、社会資本整備と地価上昇や人口増の例があげられる。また外部的要因によって不利益を与えたり受けたりするような、望ましくない状況を生み出す現象を外部不経済といい、大気汚染など環境悪化をもたらすケースが適合する。こうした場合、補助金給付、環境税などの課税、受益者負担を求めることで公共部門が関与することにより調整する。

さらに、教育、住宅、公衆衛生など住民の生活全体に影響を与えるものは、公共部門が関与することにより、企業活動や民主主義、いわば政治経済発展の基礎用件を高度化する外部効果をもつことになる。

② 費用逓減型事業

巨額の先行投資が必要な、あるいは固定費用の大きさに比べ運転費用が低いという平均費用逓減型事業については、自然独占の状況が生じたとしても、規模が大きいほうがコストが低いという規模の経済性のゆえにそれでもよいとされる場合がある。その場合、政府が関与しないと事業の存続が危ういものとなるため、補助金、参入規制、価格規制などを行うことで対応してきた。ただし、その結果として、事業への参入が少数の事業者に限定される可能性がある。

公営企業として展開されていた分野の多くは、この観点によっており、公共交通・上下水道・電気・ガス・電話などがこの範疇とされてきた。

③ 情報の非対称性を生じるもの

企業が完全な自由競争を行い、消費者が価格と質について十分な情報を得た上で購入を決めるということになれば好ましい状況といえるが、実際には、情報が一介の消費者に十分に行き届いているとはいえない。こうした、売り手と買い手の間の「情報の非対称性」（アカロフの論）が生じることに関して、情報量の多い政府が、料金設定や質に関して企業に規制を行う必要がでてくる。これは、金融商品など様々な分野にみられる。むろん、企業が政府に対し十分な情報開示をしていなければ、あるいは誤った情報を流していれば、公共部門の行う規制自体正しい方向には向かないものとなる。

7 財政の機能の2つ目：所得再分配機能

所得再分配機能とは、歳入と歳出両面で行われる再分配政策である。所得税の累進課税制度、法人税、相続税などの租税政策、年金・医療・介護などの社会保障制度、所得保障としての生活保護、地域的再分配として地方交付税などの地方財政調整制度にもみられる。いわば、平均を上回る状況にあるものとそうでないものとの間、貧富の差の調整が中心となるが、必ずしも金銭的なものとは限らず、歳出面でのサービス供給も含まれている。

今日の財政厳しき折には、税収面で再分配を実施することについて、政府の関心は低下しつつある。また、産業構造の変化、サービス化にともない、所得税や法人税のような直接税から消費税のような間接税へウェートの移動がみられ、担税力の異なる階層の間の垂直的公平より、同程度の担税力をもつ階層の間の水平的公平を重視する傾向が大きくなってきている。税が公平であるべきということについて異論はないであろうが、実際には、万人にとっての公平性実現とはそうたやすいものではない。高額所得者・負担者は大きな負担感、低所得者も低所得ゆえの生活困窮から、それぞれ不公平感を抱くケースがあるためである。

そもそも、税における「公平性」と何か。この難しい課題に対しては、次のような答えがある。それは、租税を、国が国民に与える利益の対価とする「租税利益説」に立つアダム・スミスの租税原則（18世紀）、国家に対する義務としての側面で「租税義務説」をとるワグナーの租税原則（19世紀）であり、税の基本原則として知られている。アダム・スミスの原則は、公平、明確、便宜、徴税費最小の観点から構成され、ワグナーは、財政政策(十分性と弾力性)、国民経済（税源選択、税種の選択)、公正（普遍性と公平)、税務行政（明確、便宜、徴税費最小）をあげている。両者とも公平性をあげているが、アダム・スミスは収入（に応じて）比例的で、経済に対し中立的な部分をもつが、ワグナーは累進課税的再分配の色合いが濃い。

このほか、近年では、ノイマルクやマスグレイブがこれらの論を進め、現代風にアレンジしたものを示している。安定と成長、経済に対する可能な限りの中立性が追加され、さらに、ノイマルクは租税制度としての整合性と体系性をあげている。

また、１９８０年代以降の日本の税調では、公平・簡素・中立、あるいは国際性等が提示されてきた。経済に対する中立性とは、人々の選択に影響を与えないような税制ということであり、近年の一般的傾向である。ただ、これを重視しすぎれば、究極の例としては国民の負担が各々同じ金額という人頭税ということになってしまい、そもそも税の意味はということにもなりかねない。程度の問題ということになるだろう。

こうした各原則は、必ずしも相互に一貫性をもつものばかりではないが、国民経済との関わりで､各時代における税のあるべき姿を示すものである。なお､海外の極端な例として、１９９０年代初めの3年間､イギリスでは地方税として人頭税が導入されたこともあるが､この場合は、低所得者向け税払い戻し制度が設けられていたため、再分配がなかったわけではない。

また、垂直的公平から水平的公平への関心の変化から生じる直間比率是正論も、それほどわかりやすいものではない。直接税は、納税義務者と最終的負担者が同一の税であり、これが異なるものが間接税といわれている。転嫁を予想しているか否かがその基準であり、所得税のように、義務者と負担者が同一であれば直接税、酒税や消費税のように、メーカーや販売店等が義務を負っているが、負担は消費者という場合は間接税ということになる。転嫁の形態としては、消費者や納入先の小売店に転嫁する場合には「前転」、仕入れの取引業者や従業員に転嫁する場合には「後転」といい、そのほか、経営合理化で消える「消転」、土地価格に「還元」といった転嫁、帰着の可能性がある。

ただ、通常、直接税とされる法人税でも消費者や取引先に全く転嫁されないということは考えにくいし、地方税である固定資産税などは、賃貸住宅において、家賃に転嫁されていると考えるほうが一般的であろう。一方、競争の程度によっては、間接税である消費税でも、申告上は転嫁したということになっていても、実質的にはすべてを転嫁できない場合もある。また、所得税についても、源泉徴収によることが一般的である給与所得者の場合、各納税者自らが義務を負い、負担をしている意識は少ない。日本は直接税が多いといっても、そもそもあるべき直間比率といったものがあるのかどうかも不明である。

今日の少子高齢化、財政危機の下では、資源配分の範囲、とくに価値財部分の範囲縮小とともに、租税、社会保障、地方交付税など所得再分配の各制度についてもその範囲を小さくする傾向で見直しが進行中である。

8 財政の機能の3つ目：経済安定化機能

経済安定化機能としては、所得税、法人税など税制という歳入に関わる制度と生活保護や雇用保険など歳出に関わる制度の中に盛り込まれているもの、すなわち制度の中にあって機能する「ビルトイン・スタビライザー（経済の自動安定化装置）」と、臨時的・一時的政策としての「裁量的財政政策」がある。ビルトイン・スタビライザーは、歳入面では、税率を上げなくても、国民の所得や企業の利益が増加すれば、税負担は増加し、インフレ傾向に対して水を浴びせる効果をもつ。とくに、累進所得税の場合、所得が2倍になったとしても、税負担は2倍ではなく、それ以上の負担を生じることになり、税負担率は上昇する。逆にデフレの場合、所得が半減すれば、税負担は半分を下回ることになる。この効果は、累進税率の階段が急であればあるほど大きくなる。歳出面では、不況時に、生活保護や失業保険の給付が増加し、好況時には減少することで調整されるというものである。

しかしながら、1984年以降の所得課税の累進段階緩和、最高税率引き下げという、より税率段階のフラット化を目指した改革は、直接税から間接税へ、浅く広くを目指した税制改革によるものであり、景気に対する租税弾力性を弱め経済安定化効果を小さくしてきた。生活保護や雇用保険についても限定的な方向に進みつつある。食料管理特別会計や食料安定供給特別会計にあったような農産物の価格支持制度も、近年その機能を失ってきており、財政のもつ経済安定化機能は低下しつつある。

裁量的財政政策としては、景気対策としての公共事業の拡大や減税が知られているが、バブル以降の不況下にあって、経済波及効果を示す投資乗数の低下とともにその効果に疑問が投げかけられている。財政投融資も一般会計を補強する経済安定化政策であったが、２００１年以降、整理・合理化が進められてきている。また、国債・地方債の累積で、中央・地方を通じた財政危機が生じている折、裁量的財政政策の活動範囲も狭められてきているところである。

9 国の一般会計予算と地方財政の関係

国と地方で、財政はどのように関係しているのか。

これまで、国の一般会計歳入歳出予算は、一般会計歳入が主に①国税収入と②国債収入の２つ、一般会計歳出は長らく①国債費、②地方交付税交付金等、③政策的経費である一般歳出、の主に３つによって構成されてきた。③の一般歳出はまた、社会保障関係費、公共事業関係費、文教・科学振興費など、多くの個別費目に分かれ、一般会計予算の規模ばかりでなく、一般歳出の大きさをみれば予算の大きさをみることができるとされてきた。国債費は過去の借金の償還に関するもの、地方交付税は地方自治体に回るもので、国として政策的に使用できるものではないからである。

しかし、２０１０年7月閣議決定の「平成23（２０１１）年度予算の概算要求組替え基準について」の中で

「(2)　地方交付税交付金等

地方交付税交付金及び地方特例交付金の合計額については、『財政運営戦略』に定める『中期財政フレーム』との整合性に留意しつつ、要求する。」

とされたことで、中期財政フレームとして、２０１１年度から２０１３年度まで「前年度当初予算の基礎的財政収支対象経費の規模を実質的に上回らない」よう、この基礎的財政収支対象経費の中に地方交付税交付金等が含まれることとなり、２０１４年度以降も踏襲されてい

図9-1　日本の基本的な支出と収入

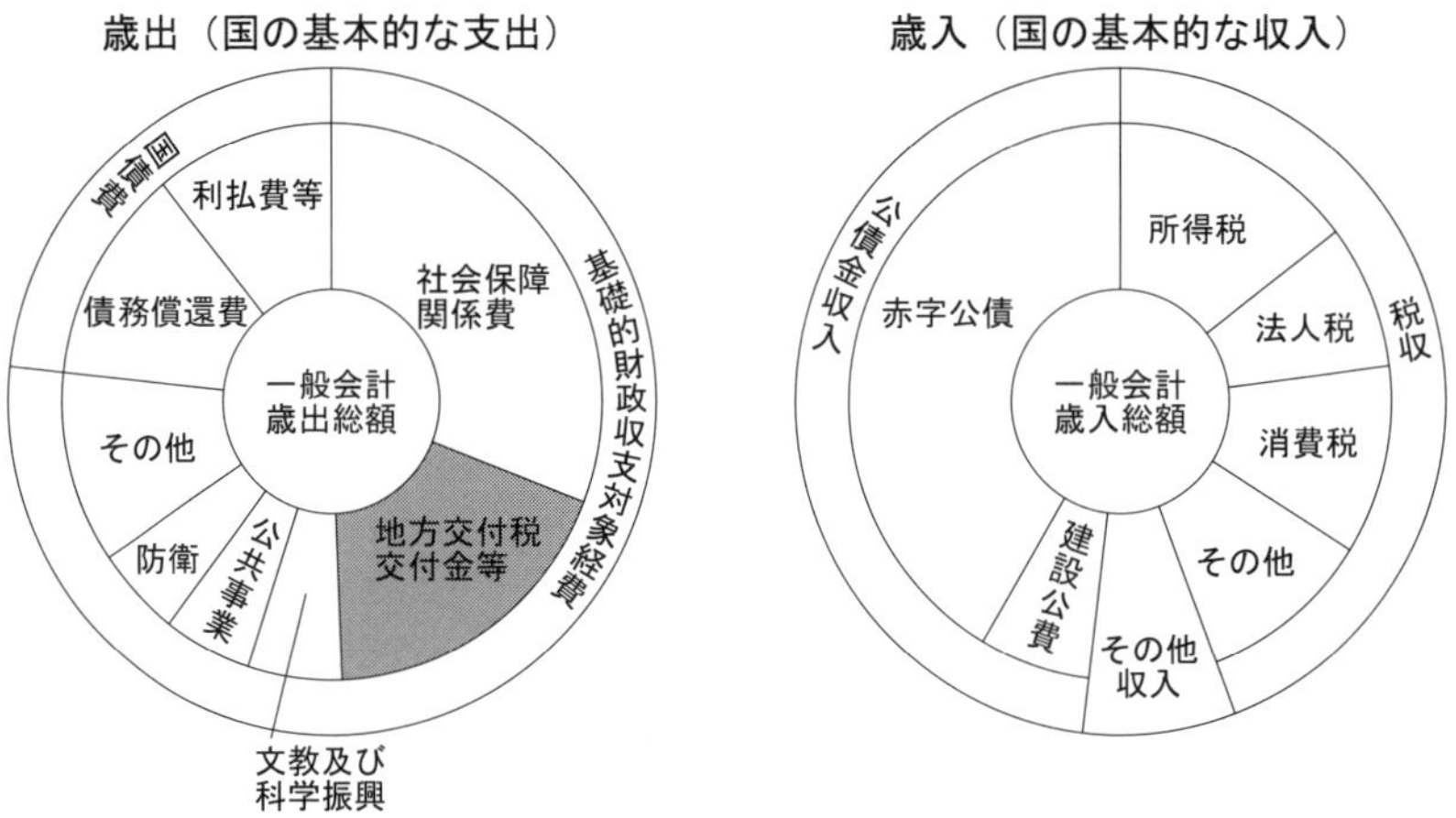

（出典）財務省 HP

る。

すなわち、予算フレームの主要項目から地方交付税交付金等が消え、一般会計歳出から国債費及び決算不足補てん繰戻しを除いたものを「基礎的財政収支対象経費」としたのである。

これまで地方交付税は、国債費とともに国の政策的経費である「一般歳出」の枠外にあったことで、交付税は「国が地方に代わって徴収する地方税」であり地方の「固有財源」としての性格をもっていたといえる。しかし、民主党政権下の仕分けの主要項目の一つとされたことで、厳しい財政事情とそれに立ち向かおうとの意気込みは感じられたが、この固有財源としての位置付けはややあいまいになってしまった。かつて、地方交付税については、地方分権推進委員会において、地方交付税を国の一般会計予算に計上するのではなく、国税収納基金から交付税特会へ直入すべきであり、国の予算に計上しないほうが地方財源としての位置付けが明確ではとの論があったところであった。

一般会計と地方財政との関係をみると、まず、一般会計歳入を構成する税収入の一部が一般会計歳出における地方交付税交付金となり、交付税及び譲与税配付金特別会計に繰り出され、そこを経由して各地方自治体の受け取る地方交付税収入となる。そして、一般会計歳入における税の中で地方交付税にならない、その他の税収入と国債収入を財源に、地方財政にかかわる支出、例えば補助金の形で地方財政収入に寄与している（図9-1・図9-2参照）。

また、政府の金融活動といわれ、政府が借り入れ、貸し出しを行う財政投融資も、地方自治体との関わりは深い。地方財政計画の中で、様々な財投機関（住宅金融支援機構、日本高速道路保有・債務返済機構などの独立行政法人など）への投融資が行われるが、地方自治体もその融資先であり、自治体側からみれば、財投は地方債の借入れ先、購入してもらう相手となっている。郵便貯金・年金積立金の全額預託義務の廃止、市場原理による資金調達を目指した2001年度の財政投融資改革を受け、財政投融資の規模が大幅に縮小されつつあるが、財投債の発行によって資金調達する財政融資資金を中心に、地方自治体への貸し出しが比較的大きな位置を占めている。市町村には市場公募債発行能力が乏しいため、こうした政府資金を利用するのは県より市町村のほうが多い。

特別会計は、国債整理、年金、保険、社会資本整備関係など多岐にわたっており、交付税及び譲与税配付金特別会計と同様、一般会計からの繰り出しが行われている。

また、地方税は、国税と税源が重なっているものが多く、国の経済政策、租税政策とともに

収支分）との関係（平成26年度当初）

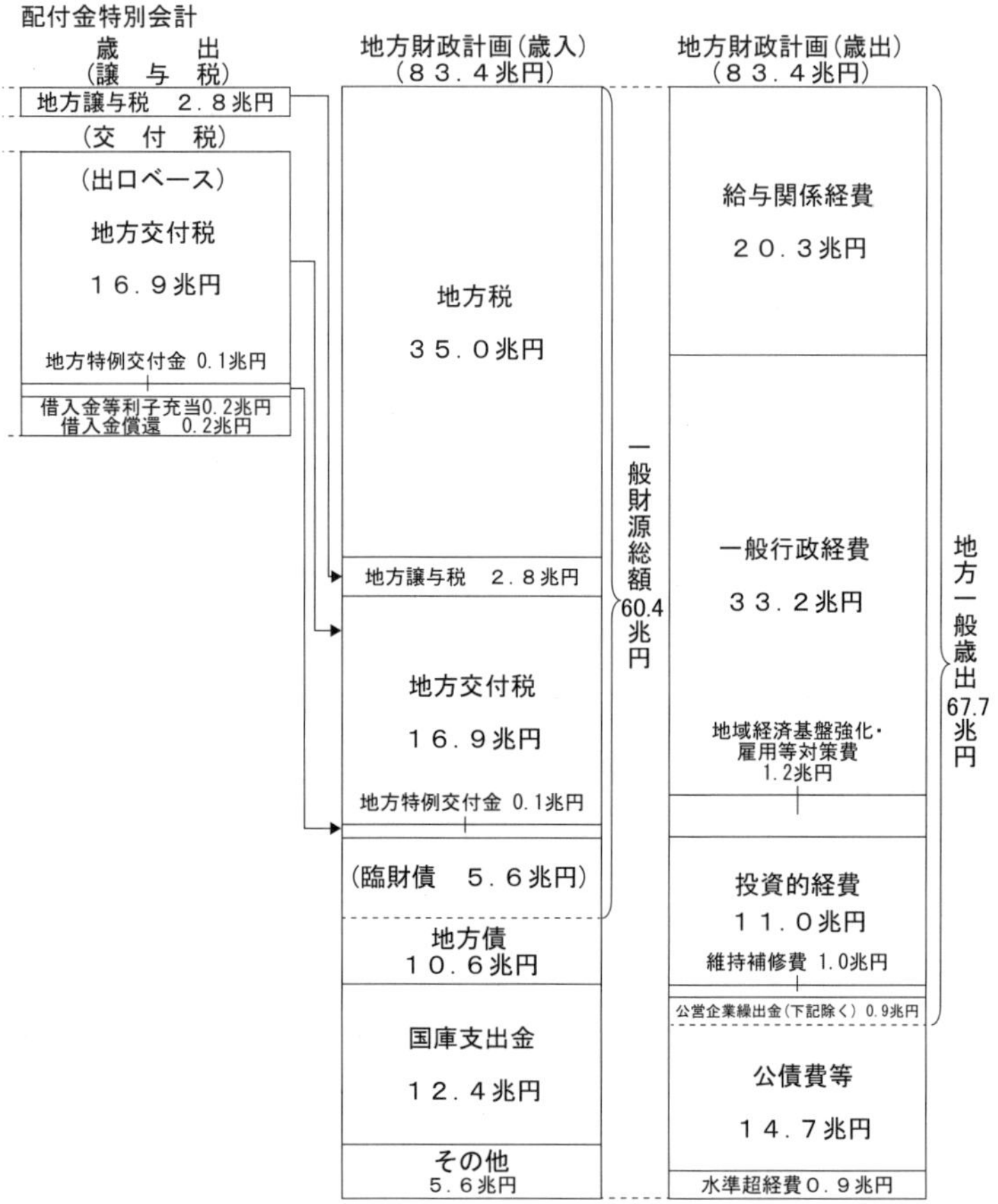

9　国の一般会計予算と地方財政の関係

図９−２　国の予算と地方財政計画（通常

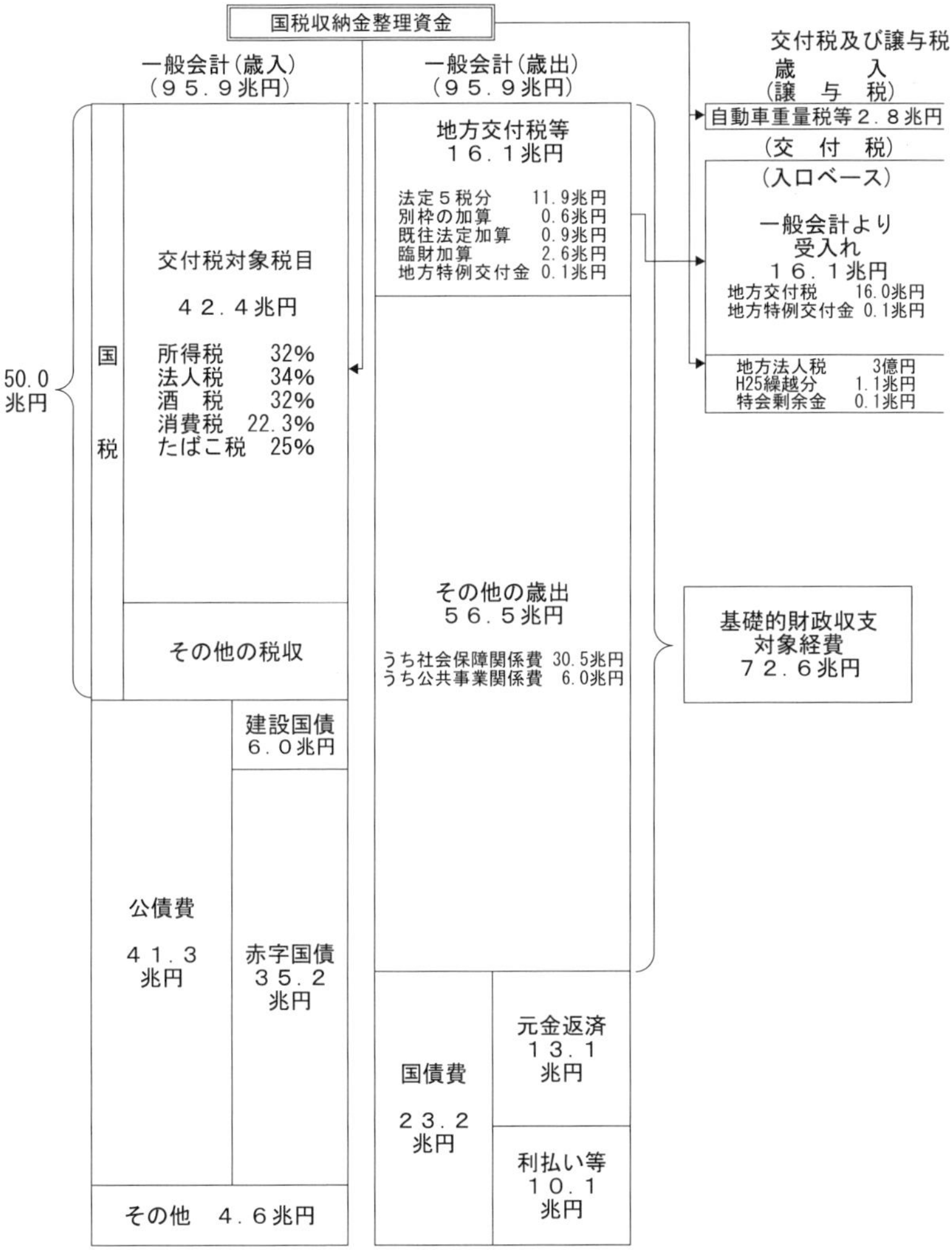

※表示未満四捨五入の関係で、合計が一致しない箇所がある。

制度変更されてきている。所得税（国税）と個人住民税（地方税）、法人税（国税）と事業税・法人住民税（地方税）、消費税（国税）と地方消費税（地方税）など、同様あるいは似通った課税ベースを利用している。したがって、地方税、地方交付税、国庫支出金、地方債等、いずれの地方財源も、さらに地方財政支出についても、国の予算や財政投融資と密接な関係をもっているといえる。

⑩ 税収減と国債依存

高度成長期の1960年代やバブル景気に沸いた90年代の初めには一般会計の8割以上を税で占め、税収は90年代初めに60兆円台に乗せた後、減少傾向は著しかった。その後、財政赤字が深刻化しても、2009年度までは国の一般会計予算で最も大きな収入源は租税であり、40兆円強の税収でなんとか一般会計の5割は超える水準であった。しかし、税収が37兆円となった2010年度予算では、国債収入が国税収入を上回る状況となり、この状況は2011、2012年度と決算ベースでも続いた。2013年度当初予算では、税収が43兆円となって国債発行金額とほぼ並んだが、これは前年度の補正予算で大量の国債増発を行ったため、当初予算の国債発行を抑えることができたものであった。当初予算で本格的に税収が国債を上回るという状況は、2014年度、消費税の税率引き上げにより、税収見積もりが50兆円に乗ってからとなる。2014年度の一般会計予算規模は96兆円ほどとなった。

現在の債務残高は、EU基準のGDP比60%、橋本政権下における財政構造改革のGDP比90%目標などと比較するまでもなく年々膨らみつづけている。かつて、100%を超えていたカナダやイタリアは財政再建を進めてきており、リーマンショック後の欧州財政金融危機の中で債務再上昇（イタリアがGDPの144%）がみられているが、それでも、現在の日本の財務残高の伸びはもはや異常な水準と言わざるをえず、2013年度にはGDPの220%を超えた。残高は普通国債のみでも750兆円、財投債や借入金、政府短期証券を入れれば1000

兆円を超える。

日本の特殊性として、日本国債保有者のほとんどは、政府、中央銀行、民間金融機関であり、外国人非居住者の購入は少ないということがある。豊富な貯蓄率、1600兆円にならんとする豊富な個人金融資産を前提としたいわば家庭内の資金の貸し借りとの指摘は、必ずしも当たっていないわけではないが、国民の世帯収入、支出を表わす家計には負債が350兆円あることや高齢者の急増を考えれば、安心できるものではない。原資として当てにしている国民の資産残高と政府債務残高の差は急速に縮まりつつある。あまりに金融緩和を進めれば、限界は案外近くにみえる可能性もある。当面の基礎的条件として、金利の急上昇といった局面は生じにくいとはいえるが、それでも、このところ販売可能性の観点から国債発行の多様化を進める必要性が増してきており、郵便局の窓口販売に苦戦する状況も生じている。

国債発行自体は、1965年度以降の国債発行（65年度補正予算のみ赤字国債、66年度当初予算から建設国債）、75年度補正予算以降の赤字国債発行、85年度以降の新たな借金で借金を返す、借換債発行の本格化など、国債発行に関する転換期があったが、国債依存体質がとくに顕著になってきたのは、バブル崩壊後の平成不況になってからである。

かつて国債発行の中心は、財政法の国債発行禁止の例外規定によって、公共施設建設のため、公共事業の財源として発行する建設国債（財政法上の四条国債）であった。しかし、1980年代と1999年以降は、かなり大幅な赤字国債（特例国債ともいう）発行、すなわち、財政法上は発行が認められないため、毎年立法化する特例法の規定によって発行が認められる国債発行がみられている。このことは、国債の種類が、建設国債中心型から赤字国債中心型へと変化しつつあることを示したものであり、今日の発行規模は、赤字国債が建設国債の数倍となり、残高規模でも赤字国債依存となってきている。歳出面では、高度成長期には公共投資が高い水準で推移し、また最近は、社会保障移転（給付）が上昇基調になってきていることも、関係している。

また、借換債が新規国債発行額の2倍となる時代となって、税による財源確保が後回しにされてきた。これまでの財政は、税負担の規模と公共投資規模のアンバランスによってつくられた面が大きく、社会問題より経済問題を重視してきた財政であったといえるが、今後は少子・高齢化そのものによる財政危機ということになる。

１９９０年度以降、歳出総額と税収との乖離《かいり》は大きくなっており、90、91年度の税収60兆円規模をピークに、それ以降ほぼ毎年実施された減税策や恒久的減税もあって、国税の収入ダウンは著しく、２０００年以降はピークの3割減となってしまった。それが、近年の大規模な公債依存につながってきている。

11 減税国家、日本

表11−1・表11−2は、国の経済的大きさを示す指標の1つであるGDPに対する比率でみた租税や社会保障の負担率である。つまり、経済的成果の中から公共部門のための費用である税金等をどのくらい払っているか、ということになる。通常、日本の財務省統計では、国民負担率、租税負担率を算定する分母は国民所得であるが、OECD統計では分母をGDPとしているため、われわれがよく知る数値より概して低い数値となっている。また、OECD統計では、「税」（TAX)を、強制的に徴収するもの、サービスの対価ではないものと規定しているため、社会保障負担部分も税の一つとして整理され、社会保障負担も租税負担率の範疇に入っている。ここでは、日本の分類に合わせて、国民負担率を租税負担率と社会保障負担率に分けて作表している。

この統計は、西欧先進国ばかりではなく、最近では、チェコ、スロバキアなども含まれ、OECD諸国34か国の資料からとったものである。これによれば、北欧を含むヨーロッパの国を中心に負担率上位を占めており、日本はOECD平均を大幅に下回り、負担がかなり低い水準となっている。日本では現在、3人の働き手が1人の高齢者を養う騎馬戦型であるが、少子化、高齢化ということで、将来的には、働き手1・5人で1人、あるいは1人で1人の高齢者の面倒をみる肩車型になる計算ともいわれているが、税負担率の数値からはうかがい知ることはできない。少子高齢社会の進展に国民も関心を示してはいるが、バブル期以降、税負担率の

表11－1　GDP 比国民負担率と租税負担率の動向（OECD 諸国平均と日本）

GDP比負担率(%)　＼　国／年	OECD 諸国平均				日　本			
	1980	1990	2000	2012	1980	1990	2000	2012
国民負担率	30.9	33.7	36.0	33.7	25.4	29.1	27.0	29.5
租税負担率	23.8	25.9	26.9	24.7	18.0	21.4	17.5	17.2
個人所得課税	10.1	10.4	9.6	8.6	6.2	8.1	5.7	5.5
法人所得課税	2.3	2.6	3.6	2.9	5.5	6.5	3.7	3.7
財産税	1.6	1.8	1.9	1.8	2.1	2.7	2.8	2.7
財・サービス課税	9.8	10.5	11.0	10.8	4.1	4.0	5.2	5.3
うち一般的消費課税	4.6	5.9	6.6	6.8	—	1.3	2.4	2.7
社会保障負担率	7.1	7.8	9.1	9.0	7.4	7.7	9.5	12.3
事業主負担	4.6	4.7	5.5	5.1	3.8	3.7	4.4	5.6
被用者負担	2.3	2.7	3.1	3.3	2.6	3.1	4.0	5.7

出所：*Revenue Statistics 1965–2013*, OECD, 2014.

表11－2　GDP 比国民負担率と租税負担率（OECD、日本、スウェーデン、デンマーク、ノルウェー、フィンランド：2012年）

GDP比負担率(%)　＼　国	OECD諸国平均	日本	スウェーデン	デンマーク	ノルウェー	フィンランド
国民負担率	33.7	29.5	42.3	47.2	42.3	42.8
租税負担率	24.7	17.2	32.4	46.3	32.7	30.1
個人所得課税	8.6	5.5	11.9	23.9	9.9	12.6
法人所得課税	2.9	3.7	2.6	3.0	10.5	2.1
財産税	1.8	2.7	1.0	1.8	1.2	1.2
財・サービス課税	10.8	5.3	12.3	14.8	11.1	14.2
うち一般的消費課税	6.8	2.7	9.0	9.7	7.7	9.0
社会保障負担率	9.0	12.3	10.0	0.9	9.6	12.7
事業主負担	5.1	5.6	7.4	0.0	5.8	8.9
被用者負担	3.3	5.7	2.6	0.8	3.2	2.9

出所：表11－1に同じ。

減少はとくに著しい。さらに、この30年の間を見ても税負担はむしろ減少傾向にある。１９８０年と比べても低い。社会保障負担のみ上昇傾向にあり、ＯＥＣＤ平均を上回っているが、それも被用者負担のみ顕著である。

少子高齢化は多くの先進国に共通する問題となっているが、日本ほど合計特殊出生率の数値が低くない国でも、日本より税負担は大きくなっている。税金の少ない分、足りない分を国債発行で対応してきたのが日本の特徴ということになるが、今後、少子高齢化が進むとなると、いつまでも借金を続けるわけにもいかず、税を集めることも考えなくてはならない。ＥＵと異なり通貨発行権を自国で有する日本に破たんリスクは低いといえども、金融機関の国債保有が拡大することによる民間経済への効果、高いとされてきた家計貯蓄率の減少など不安要素は大きい。

日本国債は、国民の貯金、預金、投資信託などの形で預けたお金で金融機関が保有する場合（間接金融）がほとんどだ。国民が直接投資しているのは、ごくわずか。つまり、金融機関を経由して日本人が保有しているということになるから、国としては負債が大きく貧乏であるとしても、日本人は国債という資産保有者というわけで資産家ということになる。国債は負債といえども、次の世代に資産も残すのであるから次世代に向けてもプラスマイナスゼロだとみるむきもある。ただ、負債は国民全員、資産は国民の中に偏りがあるという点で、負債を抱える者と資産保有をする者は同一ではない。今後、どのように、負担を求めていくのが公平なのか、考える必要がある。

世界の高負担国では、どういった税目を採用して高負担を実現してきたのだろうか。ＯＥＣＤ諸国34か国では、所得税や住民税などの個人所得課税と、消費税などの一般的消費課税が日本より高そうである。中でも、大きな租税負担率に寄与しているのは個人所得課税。デンマークの23・９％を筆頭に、10％以上が９か国。これに当てはまらない国々の多くは社会保障負担が大きい。ノルウェーは、どちらもそれほど大きいとはいえないが、この国では法人税など企業所得課税が異常に大きい。ここに出ていない税も含め全体にバランスよく配分されているイタリアを除けば、多くの国々は、個人か法人かはともかく、所得に応じて負担を求める税や社会保険料による部分が大きい。ヨーロッパは、20％前後の高い付加価値税、すなわち日本の消費税に相当する税を課していることで知られるが、所得・利益をベースとする税を集めることにも熱心であることをみておかねばならない。

確かに、日本の一般消費課税負担も国際的には小さいため、日本では、高齢社会の財源として消費税が真っ先に議論されるが、財源候補はこればかりとは限らない。日本の企業所得課税は負担が大きいほうであったが、近年の税率引き下げと平成不況の中で減少傾向にあり、２０００年以降は、ＯＥＣＤ平均とそう変わらない。さらに、社会保障負担を被用者負担分と事業主負担分に分けてみると、日本がほぼ１：１であるのに対し、ＯＥＣＤでは、ほぼ２：３。これを含めてみると、日本の事業主負担は大きいとはいえない。それにもかかわらず、今日でも、法人税を含む企業負担は引き下げを求める圧力が強い。消費税引き上げ論は、企業が社会保険料負担から逃れたいがための方便といった面もある。

表11-3　国民経済に占める財政の役割

		対国内総生産比（%）								
		政府最終消費支出	うち人件費	一般政府総固定資本形成	現物社会移転以外の社会保障給付（年金、失業給付等）	そ　の　他	うち利払費	土地購入（純）	うち補助金	一般政府総支出（合計）
日本	2003	17.6	6.4	4.2	11.0	4.7	2.6	0.6	0.8	37.4
	2013	20.2	5.9	3.6	14.3	4.1	2.3	0.3	0.6	42.1
アメリカ	2003	15.3	10.4	3.8	11.5	6.0	3.4	0.1	0.4	36.6
	2013	15.2	10.0	3.3	14.3	5.9	3.6	0.0	0.4	38.7
イギリス	2003	19.5	10.3	2.2	12.5	6.9	1.9	▲0.1	0.6	41.1
	2013	20.3	9.8	2.7	14.6	7.9	2.9	▲0.1	0.6	45.5
ドイツ	2003	19.0	8.2	2.1	18.4	8.2	2.9	▲0.1	1.3	47.8
	2013	19.3	7.7	2.2	15.7	7.2	2.0	▲0.0	0.9	44.3
フランス	2003	22.9	13.1	3.9	17.3	8.7	2.7	0.1	1.5	52.8
	2013	24.1	12.9	4.0	19.9	9.1	2.3	0.2	1.7	57.1
スウェーデン	2003	25.7	13.1	4.2	15.6	8.9	2.1	▲0.1	1.5	54.4
	2013	26.2	12.6	4.5	14.3	8.3	0.8	▲0.1	1.7	53.3

（出典）諸外国は OECD Stat Extracts『National Accounts Dataset 12 : Main aggregates of general government』。日本は国民経済計算（内閣府）。
（注）一般政府とは、国・地方及び社会保障基金といった政府あるいは政府の代行的性格の強いものの総体（独立の運営主体となっている公的企業を除く）
出所：財務省 HP より。

図11-1　一般政府支出の国際比較（2001年、2009年、2011年）

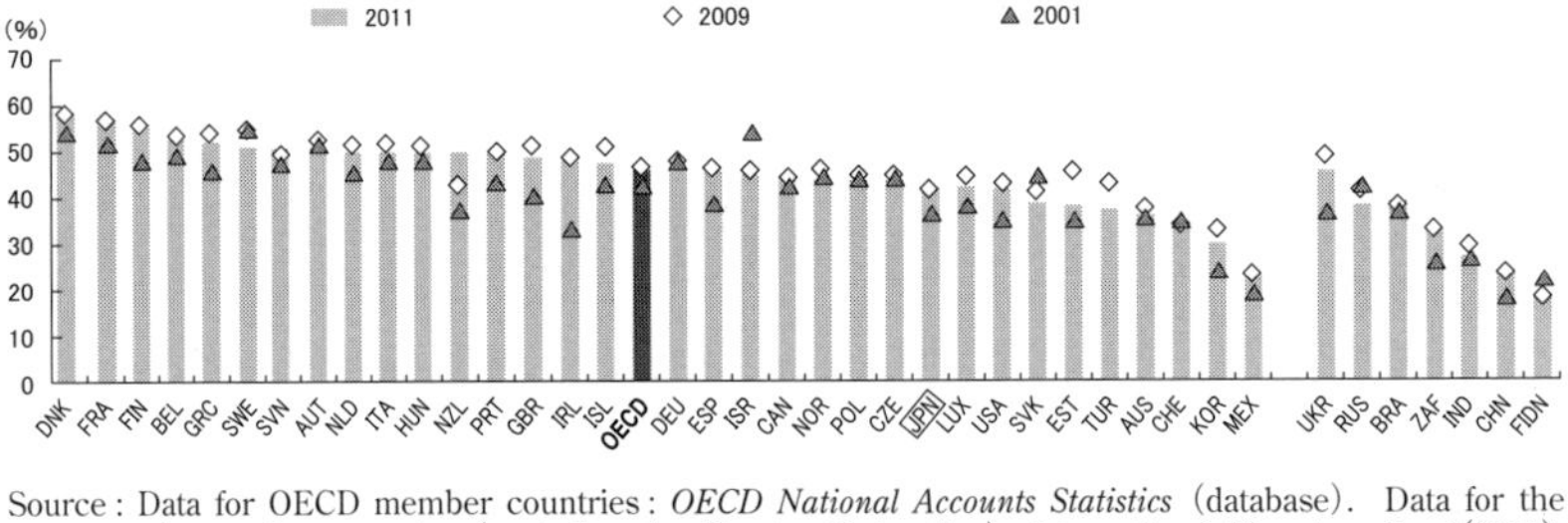

Source : Data for OECD member countries : *OECD National Accounts Statistics* (database). Data for the other major econmies (excluding the Russian Federation) : International Monetary Fund(2013), *Economic Outlook*, April 2013, IMF, Washington DC.
出所：*Government at a Glance 2011, OECD.*

表11-4　政策分野別社会支出の対国内総生産比の国際比較（2007年）

	高齢	遺族	障害、業務災害、傷病	保健	家族	積極的労働政策	失業	住宅	生活保護その他	合計
日本	9.12%	1.29%	0.96%	6.27%	0.79%	0.16%	0.31%	－	0.26%	19.15%
アメリカ	5.30%	0.70%	1.47%	7.38%	0.66%	0.11%	0.33%	－	0.55%	16.50%
イギリス	6.34%	0.14%	2.47%	6.83%	3.24%	0.32%	0.39%	1.43%	0.17%	21.32%
ドイツ	8.65%	2.06%	2.92%	7.85%	1.88%	0.72%	1.38%	0.61%	0.17%	26.24%
フランス	11.16%	1.85%	1.90%	7.49%	3.00%	0.90%	1.36%	0.76%	0.35%	28.75%
スウェーデン	8.98%	0.54%	5.41%	6.58%	3.35%	1.10%	0.67%	0.47%	0.59%	27.69%

（注）OECD Social Expenditure Database では、支出だけを集計しており、財源についての集計は行っていない。
（出所）国立社会保障・人口問題研究所 HP より。

それでは、公共部門の大きさはというと、**表11－3**によれば、かつて大きかった公共投資部門も縮小傾向にあり、全体として大きいほうとはいえない。公務員人件費の規模も大きいほうではなく、むしろ日本は小さい政府といえる。**図11－1**により一般政府支出をＯＥＣＤとの比較でみれば、税や社会保障の負担と同様、ＯＥＣＤ平均を下回り、ＯＥＣＤ諸国の中での順位をみれば、下から数えたほうが早いという点で、負担も支出もほぼ同じ位置にいる。

また、**表11－4**で社会支出の状況をみると、ＧＤＰ比でみた社会支出の規模（合計）はやはり大きいほうではない。ただ、年金（高齢）と保健（医療）への支出は、それほど小さいわけではない。国民が不安をもつ年金・医療の規模はまあそこその水準。他の国と比べ、ここに集中投資しており、むしろそれ以外の、家族給付や住宅、雇用など生活全体への社会支出、若年層向けの政策などが遅れている。日本とアメリカは社会支出の８割が年金・医療支出で占められるのに対し、ヨーロッパの４か国は６割前後にすぎない。

整理してみれば、これまでの日本は公共事業で雇用創出し、社会支出は年金・医療に特化していた。低い税負担に国債を加えて政府規模を大きくしていた分、中福祉低負担といえる。世界最低負担水準の個人所得課税、一般消費課税が税収確保を妨げ、租税負担率も低い水準だ。社会保障負担は、ＯＥＣＤ平均を若干上回るものの小さい租税負担をカバーできていない。それでも国民の税負担感は大きく、さらに小さな政府を求め公共部門を減らし、サービス低下と雇用不安を招き、さらなる減税期待と将来不安を抱えているといった現状だろうか。

⑫ 減税とセットで導入された消費税

日本が減税国家となってきたのは、１９８０年、元号でいえば、昭和55年くらいからということになる。ドルショック、オイルショック、列島改造ブームの後に来た１９７５年、戦後初のマイナス成長となり、年度内に歳入欠陥を生じたことで、補正予算で赤字国債を発行せざるをえなくなった。

税制調査会では、一般的税負担の引上げを求める方策として、それ以前から何回か一般消費税、売上税、付加価値税等の導入を提言してきたが、１９７０年代に不況による財政危機に直面し、累積してきた赤字への対応として、国、地方を通じての財政再建が求められるに至り、１９７９年（昭和54年）、一般消費税の「試案」および「大綱」がまとめられた。

一般消費税大綱によると、納付税額は「売上高に税率を乗じて算出した税額」から「仕入高に税率を乗じて算出した税額」を控除した額であり、税率５％。年間売上高２０００万円以下の小規模零細事業者については、納税義務を免除すること。また非課税取引として、輸出取引、資本移転、利子、保険新加入、食料品、社会保健医療、学校教育・社会福祉事業、個別消費税との調整の結果、新税が非課税とされるものがあげられていることに特徴があった。

この年の「財政収支試算」では、予算規模の年平均伸び率を11・０％として、１９８４年度に赤字国債の発行をゼロとする構想をたてていたが、これは一般消費税導入を前提としたものであった。しかし、同年９月の総選挙で与党の議席は減少し、一般消費税を断念せざるをえなくなった。そして、１９８１年3月、臨時行政調査会の発足によって、表面的には、増税による財政再建から、行政改革を中心にすえた増税なき財政再建へと方針を変えていくのである。

しかし、１９７５年以来の赤字国債の加速度的累積と、補助金カットや行政改革による財政再建の困難性、そして国際的にはレーガン、サッチャー路線にみられる応能性（能力に応じた負担）より応益性（公共サービスからの利益に応じた負担）を重視する方向、あるいは直接税から間接税への視点の移動、こうした世界の動きを受け、間接税改革の流れは固まっていくことになる。ただ、一般消費税が単なる増税案であり、この点が導入失敗の大きな要因とみて、他の税の中に減税を織り込んでいく。84年には、所得税の税率を15年ぶりに変更、最高税率を75％から70％に引き下げ、税率段階を16段階から15段階へと簡素化した。

86年政府税調では、４月の中間報告段階で、所得税、住民税の最高税率引き下げ、法人税率の引き下げ、９６４《クロヨン》対策としてサラリーマンに対する必要経費実額控除制、専業主婦に特別控除制導入等が議論され、夏の参議院選をはさんだ10月の最終答申では、これらをより具体化させるとともに、非課税貯蓄制度（いわゆるマル優など）の分離課税化や課税ベースの広い「新しいタイプの間接税」導入を提案した。この新間接税案としては、業者間免税の売上税、製造業者売上税、日本型付加価値税と、３つのプランを提示し、多段階非累積型の間接税である日本型付加価値税の可能性を示唆した。また、税収中立型（増減税同額）の税制改革であることが大きな特徴であった。

これを受けて翌87年２月に売上税の創設が法案化されたが、免税点が１億円（１億円以下であれば課税されない）と高額であったことや、51品目に上る非課税品目の多さもあって不公平感が高まった。メーカー、小売業者、消費者いずれも、負担増の影響を最も受けるのは自分ではないか、転嫁できないため場合によっては税率以上の負担となるのではないかとの不安、また中曽根首相が大型間接税導入に否定的発言をしていたこともあって、廃案への道をたどることになった。

2度の新間接税導入に失敗した政府は、竹下内閣において、直間比率の是正を含めた所得・消費・資産等の課税バランス論、高齢化社会への対応、個別間接税の問題点への対応として税制改革に取り組み、再度の挑戦を行う。免税点を売上高３０００万円と低くした上に、限界控除制度として売上高６０００万円までの事業者に負担緩和措置を設定、売上高5億円までの事業者に簡易課税制度をおく、またインボイス方式や伝票方式をとらず帳簿方式とした。このように納税義務者を狭く限定し、さらに税率を３％と低く設定して収支を減税超過（消費税を入れても所得税や法人税の減税分を回収できない）としたことなど、導入の実現性を最優先とした結果、88年12月、税制改革関連法案が成立する。

このように、昭和末期10年間ほどの税制改正は、課税ベースの拡大、浅く広く、公正・簡素・中立の税制論に立って、所得税・個人住民税最高税率の引き下げ、フラット化（税率段階の簡素化）、法人税の税率引き下げ、配当軽課制度の廃止が実施された。また、１９８０年にいったん法制化された利子・配当所得の源泉分離課税の廃止、他の所得と合算して課税される総合課税への移行と少額貯蓄カード（グリーン・カードという名称で、貯蓄額を管理するカード）

制度の導入は、政治的圧力によって延期され、85年改正で廃止となった。総合課税化への流れはせき止められ、88年に、利子課税の源泉分離課税化、少額貯蓄非課税制度の原則廃止、株式のキャピタルゲインについては89年より総合課税を入れず、源泉分離・申告分離選択制の道をたどった。

そして、89年、消費税導入と物品税の廃止、地方の個別消費税の廃止、料理飲食等消費税の特別地方消費税化（税率10％→3％、常に高額のホテル利用者や飲食をしていたものにとっては減税となる）によりシャウプ勧告以来とされた抜本税制改革は完結する。税負担の全体的変化としては、高額所得者、高額の商品やサービスの消費者に減税し、一般的に負担を幅広く広げる形となった一方、税の中央集中化（税の分権化に反する）に寄与することにもなった。

13 何でもありの減税競争へ―国民福祉税（仮称）導入プラン

1994年は、連立8党の細川政権から、羽田政権、自社さの村山政権へと政治的な大転換の年であったと同時に、税制改革の流れの中でも、大きな政策転換の兆しがみられた。

新年の記者会見の中で、細川首相は、「21世紀ビジョン」を発表し、高齢化の進展に伴う社会保障経費増加に向けて、税負担の増加、すなわちネットでの増税を示唆した。大平政権の一般消費税導入失敗以来、税制中立、増減税同額あるいはネット減税が税制改正の一般的傾向となっていたが、これを変化させたのである。2月3日未明、早速具体化させたのが、細川首相から発表された、消費税の廃止と国民福祉税（仮称）の創設を含む税制改革草案であった。これは、景気対策として総額6兆円の所得税・住民税等減税を実施し、その財源として7％の国民福祉税を充て、消費税は廃止するというものであった。

「国民福祉税については、高齢化社会においても活力のある豊かな生活を享受できる社会を構築するための経費に充てることを目的とする」旨法定し、税率7％、97年4月1日から実施する。減税についてはこの94年1月分から前倒しで実施し、景気浮揚効果を期待したものであった。

しかし、未明に突然行われた首相からの発表であり、連立与党内部ばかりか官房長官にも知らされていなかったことから社会党などからの批判が噴出、また、税率7％が「腰だめ」（細川首相の言、大まかなの意）の数値であったため、福祉財源としての理解が得られないまま4

日には見送られることが決まった。そして、「減税と税制改革に関する連立与党代表者会議合意」（2月8日）により、総額6兆円の減税を先行実施するとともに、与党内に協議機関を設置、年内に税制改革法の成立を目指すこととなった。

94年の所得税・住民税の特別減税は、1年限りのものとして、94年(平成6年)分の所得税・住民税について、税額の20％相当額（所得税で上限200万円、住民税で上限20万円）を控除するといういわゆる定率減税の手法により、所得税減税3兆8000億円、住民税と合わせ5兆5000億円を減税するということになった。しかし、この後、ほとんど毎年のように、減税が継続することになる。

バブルの崩壊により、92年から相次いで打ち出された総合経済対策や緊急経済対策の効果もあって、若干持ち直したかに見えた景気に水を差したのが、翌95年1月早朝の、阪神・淡路大震災であった。さらに、予想以上の急激な円高により景気の先行きは一層不透明になった。この年、「緊急円高・経済対策」（4月）、「緊急円高・経済対策の具体化・補強を図るための諸施策」（6月）、「経済対策―景気回復を確実にするために―」（9月）と3つの経済対策を繰り出し、さらに、公定歩合は0・5％という空前の最低水準になった。

税収の減退は著しいものがあり、91年度以来、当初予算ではある程度収入を見込んでいても、補正や決算ベースでは減少が続いていた。92年度決算の税収が、当初予算より8兆円、93年度には7兆円も下回る状況にあり、94年度決算額は51兆円まで落ち込んだ。公債発行額も、95年度補正予算で22兆円、依存度28・8％となった。赤字財政は恒常化・拡大の一途にあったが、翌96年度（平成8年度）の税制改正論議は、地価税の改廃問題がその中心となった。本来あるべき所得税・法人税の課税ベース拡大、赤字法人課税の問題、資産所得課税の総合課税や納税者番号制への取り組みといった、収入確保や税体系全体の観点はほとんどみられなかったのである、94年12月の与党税制改正大綱において、地価税の見直しや株式譲渡益課税の総合課税化などが検討項目としてあげられていたが、後者についてはまたも改革への流れはできなかった。

所得税・住民税については、95年と同様2兆円規模の特別減税が実施され、前年から実施されている制度減税を含めれば、減税規模は94年から3年連続で5兆5０００億円ということになった。この減税の表向きの理由としては、無論、景気回復のためということになる。しかし、もう1つの要因として、細川首相の下での減税規模が、国民福祉税導入を前提としたプランであったため大きかったことがあげられる。前年の減税後を所与とした場合、特別減税をやめれば負担増となってしまうため、減税を継続するよりなかったのである。

景気回復のための土地流動化やバブル再燃期待から土地税制の軽減も進められた。地価税については、与党内部からの廃止・凍結案と、土地政策上の現状維持論とがぶつかり、いつものように、足して2で割る方式がとられ、0・3%から0・15%への税率引き下げで決着した。また、個人の土地などの譲渡に関わる長期譲渡所得の税率引き下げなどが実施された。すでに前年、譲渡所得4０００万円以下を減税していたが、さらに8０００万円以下も減税対象となった。

橋本政権下では、98年度に、財政構造改革予算として、2003年に財政赤字3％、赤字国債の発行ゼロをめざし、政策的経費である一般歳出を前年度比マイナスとし、各経費項目にキャップ（上限）を設けることにより、その性格をより鮮明にした。税制改正では、経済構造改革に対応した法人税制改革、金融システム改革（金融ビッグバン）に対応した証券税制改革、資産デフレに対応した土地・住宅税制改革が盛り込まれた。しかし、都市銀行、大手証券の破綻が次々に明らかとなる中で、国税7500億円、地方税1000億円という景気対策規模について批判が強くなったため、97年当初予算でバブル崩壊以降初めて取りやめられた特別減税が、補正予算ではや復活し、98年2月から景気対策として2兆円の特別減税が実施された。

98財政年度に入り、夏の参議院選挙を前にすると、財政構造改革法は成立後わずか5か月で修正作業が始まった。赤字国債の縮減規定が、新たな景気対策の足かせとなったためである。これにより、7兆7000億円の公共投資と4兆円の特別減税を柱とする総事業費16兆6500億円の総合経済対策を決定、6兆円に上る補正予算が組まれ、国債が増発された。

所得税・住民税については、98年、99年に2兆円ずつの特別減税を実施する。98年分については、97年補正の2兆円と合わせると4兆円規模となる。夫婦子2人の場合、当初分6万5000円に7万2500円が追加されることになり、合わせて13万7500円となった。この追加減税により、98年における所得税の課税最低限はほぼ500万円近くに達した。子どもの2人いる片稼ぎ夫婦の給与所得者は、基本的に収入500万円まで所得税負担がないということであった。また、政策減税は、住宅ローン減税や投資促進など3020億円。議論となった乳幼児家庭に対する子育て減税は見送りとなり、代わりに、これまでの「長寿社会福祉基金」（1200億円）の規模を倍にして「長寿、子育て、障害者基金」（2400億円）とした。

まさしく、何でもありの減税競争であった。

14 減税がピークに達した99年度「恒久的減税」

99年度税制改正は、低迷する景気に対する需要喚起策が柱であった。最高税率の引き下げと定率減税を柱とする所得税・住民税減税、法人税・法人事業税の税率引き下げ、パソコン等情報機器の全額損金算入など投資促進税制の拡充、有価証券取引税廃止などの金融関連税制の緩和のほか、土地・住宅税制にも大きな改革がみられた。

恒久的減税は、所得減税４兆円と法人減税２兆３０００億円を含む６兆８６００億円、政策減税が住宅ローン減税など２兆６０００億円、合わせて９兆４０００億円となった。

詳細は次のとおりである。

① 所得税・住民税の減税

所得税の最高税率引き下げ（50%→37%）と住民税最高税率引き下げ（15%→13%）による制度減税（合わせて65%→50%）。所得税20%（上限25万円）、住民税15%（上限４万円）の定率減税に加え、子育て・教育減税として扶養親族控除（15歳以下）38万→48万、特定扶養控除（16歳～22歳）58万→63万（所得税）と43万→45万（住民税）である。

制度減税について、所得課税の全体的累進構造を見直す抜本的改革はなされず、上２つの税率だけ下げる（50%と40%を37%に）という変則的で大胆ともいえる改革であった。その点では、恒久的定率減税や子育て、教育減税の組み合わせにより税が複雑化したこともやむをえないというべきか。問題を残したところである。

② 法人税制の減税

法人税率（基本税率）が34・5%から30・0%に、法人事業税率（基本税率）も11%から9・6%に引き下げられた。一方、法人事業税について、付加価値や資本金などを課税ベースとする応益的な外形標準課税は見送りとなった。これにより、国、地方の法人課税の表面税率は97年の49・98%、98年の46・36%から40・87%へ下がり、2年間で10ポイント近く減少した。カリフォルニア州の40・75%と同水準で、税率の上では世界水準となった。

しかし、他国の法人税率引き下げが課税ベースの拡大とともに進められてきたのに対し、日本では、幅広い租税特別措置の整理のほか、減価償却における定率法・定額法選択制の限度設定や、経費概念の厳格化、移転価格税制の整備などに関する改革が十分でないまま、減税ばかりが先行してきたきらいがある。法人事業税の外形標準課税導入も、法人事業税の引き下げとセットで進められる予定であったが、景気動向から見送られた。税率引き下げのみ先行実施となったのである。法人課税についても抜本改革とはほど遠いものであった。

振り返れば、法人臨時特別税もあって、平成2（1990）年度の税収60兆円が、決算ベースではピークであった。平成16（2004）年度当初予算ベースでは42兆円で昭和61（1986）年度水準となった。しかし、昭和57（1982）年度に30兆円であったことからみれば、8年で2倍という水準こそ過大であったともいえる。バブルという言葉が使われ出して久しいが、必ずしも本当の意味を受け止めていないようである。「失われた10年」の財政政策、さらに企業もバブル回帰を追いかけていたのではないか。デフレは経済・財政に深刻な影響をもち、望ましいものとはいえないが、どこを基準とするかによって、見るべき視点も異なってくるだろう。

ビルトイン・スタビライザー機能は、昭和59（１９８４）年以来の所得税のフラット化（税率段階の簡素化）によって確実に小さくなってきている。当面、インフレやスタグフレーションの時代に議論されたような、タックスインデクセーションの議論（物価上昇に応じて所得控除金額を増やさないと実質負担増になるとの論）も出なければ、ブラケット・クリープの問題（所得税の累進階段が急であるため少しの所得増でも次の税率段階に捉えられ、税負担が増し負担感が大きい）が出てくる余地は少ないだろう。制度は変化したのである。景気回復策は、前より確実に困難になっている。しかも、環境問題、少子高齢化問題に直面する中で、拡張型経済への回帰が難しいばかりか、それぞれの問題をより激化させる可能性がある。いやおうなく、福祉型・環境型社会に向かざるを得ないといえよう。

１９９９（平成11）年度の所得税制改革で、日本の国税である所得税の最高税率は37％となり、当時のイギリスの40％、アメリカの39・6％を下回り、先進諸国の中でもとくに低水準となった。日本の場合、所得課税を国税と地方税を合わせて議論することが多いが、国税と地方税の存在意義は異なる。地方分権論が高まる中で、この点に留意しておくべきであろう。

グローバルスタンダードといいつつ、実は、都合のいいスタンダードばかりをとりあげてきたこれまでの税制改革であった。97年の消費税引き上げが景気悪化の原因とする論者もいるが、そもそも、１９８０年からの20年間は、税率引き下げにより一時的なバブルを生じさせる要因とはなっても、基本的に税の弾力性（所得に対する収入の伸び率）を低くする方向での改革であり、税収が増えにくいものとなったのである。

⑮ 日本の所得税負担を小さくする「所得控除」制度

バブル崩壊以降、長期不況が税収低下の主な要因とされるが、そればかりが要因ではない。所得税の場合、制度的要因として、これまで指摘した税率の引き下げ、累進段階の簡素化（フラット化）の結果ということがあげられるが、もう一つ、根本的要因がある。それは、日本の所得税では、所得控除制度を多く用いていることである。

個人の国税である所得税は、給与収入の場合、源泉徴収票の最も大きい数字である収入金額から、概算で計算される給与所得控除を引いて所得金額を出す。ここから基礎控除、配偶者控除、扶養控除、特定扶養控除、医療・年金・介護保険・雇用保険等の社会保険料控除等を引いて、課税所得金額を計算する。この課税所得金額を基礎として税率が課される。

所得控除は、税額控除と違い税額を引くのではなく、収入金額から一定の所得金額を控除するものである。税額控除の場合、５万円控除するということは、５万円以上の税負担額がある納税者であれば、その税負担額から5万円減らされるものであり、減税額は5万円である。しかし、所得控除の場合、38万円の控除といっても、年収によって減税額は異なり、基本的に高額所得者であればあるほど大きな減税となるところに違いがある。

① 事業主の配偶者に対する優遇措置

高度成長が始まる以前は、日本の就業構造は自営業が多くを占めていた。シャウプ勧告に基づき導入された青色申告制度は、１９５２（昭和27）年度税制改正で、青色申告書を提出する事業者に、年5万円の専従者控除を認め、この制度の定着・奨励を行っている。家計と企業の一体性、所得分割の恣意性などから従来は認められなかった専従者控除が導入されたことで、青色申告は急増し、「その後の青色申告者、白色申告者、同族法人、給与所得者まで巻き込んだ不均衡是正のための減税循環の発端」となった。ただ、この時点では、18歳未満の者とともに事業主の配偶者も「専従者」の対象外としていた。

1954（昭和29）年改正では、青色申告者専従者控除が引き上げられるとともに、この範囲は配偶者にも広げられた。自営業の主婦というのは夫の影に隠れて自分の収入がないということになるので、一応主婦にも収入を認めよう、自立した就業者であることを認めようということで、家族従業者に対し、青色申告における専従者控除が設けられた。つまり、それぞれを働いている人ということで位置づけが行われた。名目上収入のない配偶者への配慮であったが、その後、今日に至る家族、配偶者課税の取り扱いを複雑化させた第一歩であった。

さらに、1961（昭和36）年、青色申告者における配偶者の貢献を経費にできる家族専従者控除の引上げに伴い、これとのバランスを考え、白色申告者にも専従者控除が導入され、家族専従者に7万円の定額控除が認められた。青色申告や法人なりといった節税策をとりにくく、家族での就業の多い農業者からの要請でもあった。

② 配偶者関連控除

こうなると、残るは給与所得者ということになり、同じ1961（昭和36）年、配偶者控除の創設、扶養控除の引上げと年齢による金額格差の導入が実施された。かつて配偶者は一人目の扶養親族とされていたが、この年度から配偶者控除として、扶養控除と別な控除として認められることになった。

さらに、1987(昭和62)年度改正で、納税者の所得稼得に対する配偶者の貢献を考慮し、税負担の調整をすること、すなわち青色事業専従者給与と比較した水平的公平論などから、配偶者特別控除が導入された。これはパートの収入が増えてくると税金も増えるために働くほど損をするという逆転現象を直すために、所得に応じて税控除をしていく、カーブをなだらかにしていく消失控除の形をとった。これを推進した直前の税調では、専業主婦の内助の功を認めようという専業主婦特別控除案とともに、二分二乗方式など諸外国の世帯単位課税の例も検討されたが、大きな流れにはならず、やや複雑化した形での第二の配偶者控除導入となった。時代は、いわゆるバブルに向かい、名目成長率が伸びてきており、中堅給与所得層の不満を背景に、最高税率の引下げ、中堅層のブラケット拡大（累進税率階段の踊り場部分を長くする）が進められてきたところであった。また、人手不足の中、パート主婦の増加も背景としてあげられ、この段階では、共働きについてはあまり配慮がされなかった。

そして、既婚女性の就業率が5割を超えた今日、配偶者控除等は女性の社会支出を阻害するような不思議な制度に感じられ、専業主婦と働く女性との不公平感が出ているが、もとはこうした経緯があったわけである。

バブルが去り、自営業者層と給与所得者層との不公平感は、自営業者の有利性より給与所得者の安定性のほうに有利性が感じられるようになった。こうした社会・経済的変化を受け、

２００４（平成16）年度から専業主婦向けの配偶者特別控除（所得１０００万円まで）の配偶者控除との併用、これによる合計76万円の所得控除は廃止されている。

③ 社会保険料と高齢者関連控除

これまで、社会保険料控除として社会保険の掛け金は全額所得控除され、また給付金については公的年金控除として給与所得控除を上回る所得控除を実施してきた。社会保険部分について、負担で控除、給付でも恩典があるという制度は、諸外国ではそれほど一般的ではないものであった。

高齢者の所得は、その7割が年金や恩給であり、高齢者世帯の所得は全世帯平均の半分強、世帯人員1人当たりにすると、（世帯人員が少ないため）全世帯平均金額と同様の２００万円となる（平成25年版『高齢社会白書』）。しかし、一方で、年収の多い高齢者の中に、公的年金控除を利用している者がある。２０１２（平成24）年の国民生活基礎調査（厚生労働省）によれば、所得を5分位に分け、最も高い所得階層、平均所得１２５０万円の階層の中に65歳以上の者がいる世帯が22・7％も含まれる。高齢者世帯の中でも11・5％は最も高い所得階層に相当する。これらの世帯の多くは公的年金・恩給を受けており、公的年金控除を受けているとみられる。若年雇用など格差社会が問題とされる以前は、全世帯より高齢者世帯で格差の程度を示すジニ係数が大きく、垂直的公平確保の観点から、高額所得者の公的年金控除見直しが必要とされた。その結果、２００５（平成17）年より、公的年金控除は、低所得部分を除きほぼ給与所得控除並みの控除となった。

そのほか、所得１０００万円以下に採用されていた老年者控除（所得税50万円控除）も廃止となっているが、退職所得控除は、１９８０年代に大幅に控除額が増額され、雇用形態における格差を助長する要因ともなりえる問題である。

④　給与所得控除（図15―1・図15―2参照）

給与所得控除が比較的大きかったこともみておかなければならない。２０１２（平成24）年度予算ベースで、給与所得総額に占める給与所得控除額は29・３％、59兆円に達する。そもそも、この意味はあいまいであり、それほど厳密な議論が行われてきたわけではないが、１９７６（昭和61）年の政府税調などで、給与所得者にとって勤務費用の概算控除、他の所得との負担調整（９６４《クロヨン》対策的配慮）もあるといわれてきた。

これを受け、１９８８（昭和63）年の改革で、特定支出控除制度ができ、実際にかかった経費金額と給与所得控除の差額を経費として申告できることとなった。ただし、通勤費、転任に伴う転居のための引越し費用、研修費、資格取得費、単身赴任者の帰宅旅費に限定され、他の所得との負担調整控除部分は認められなかった。給与所得控除が幅広く認められているため、実際に、こうした項目のみで給与所得控除を上回るほど経費を使う納税者はまれであり、ほとんど機能しなかった。大きすぎる給与所得控除の存在が、年末調整で申告を終了させるしくみを実現し、サラリーマンの税への関心を失わせる要因になっていた。

ようやく、２０１３（平成25）年度分の所得税から、特定支出控除は資格取得費、勤務必要経費について経費対象範囲が拡大されるとともに、給与所得控除の２分の１を超えた分につい

図15−1　特別支出控除の見直し（24年度改正）

○特定支出控除について、範囲の拡大等を行い、給与所得者の実額控除の機会を拡充する。
【範囲の拡大】

　弁護士、公認会計士、税理士などの資格取得費、勤務必要経費（図書費、衣服費、交際費）を追加。

【適用判定の基準の見直し】

　適用判定の基準を給与所得控除額の２分の１（改正前：控除額の総額）とする。
　※所得税は平成 25 年度分から、住民税は平成 26 年度分から適用する。

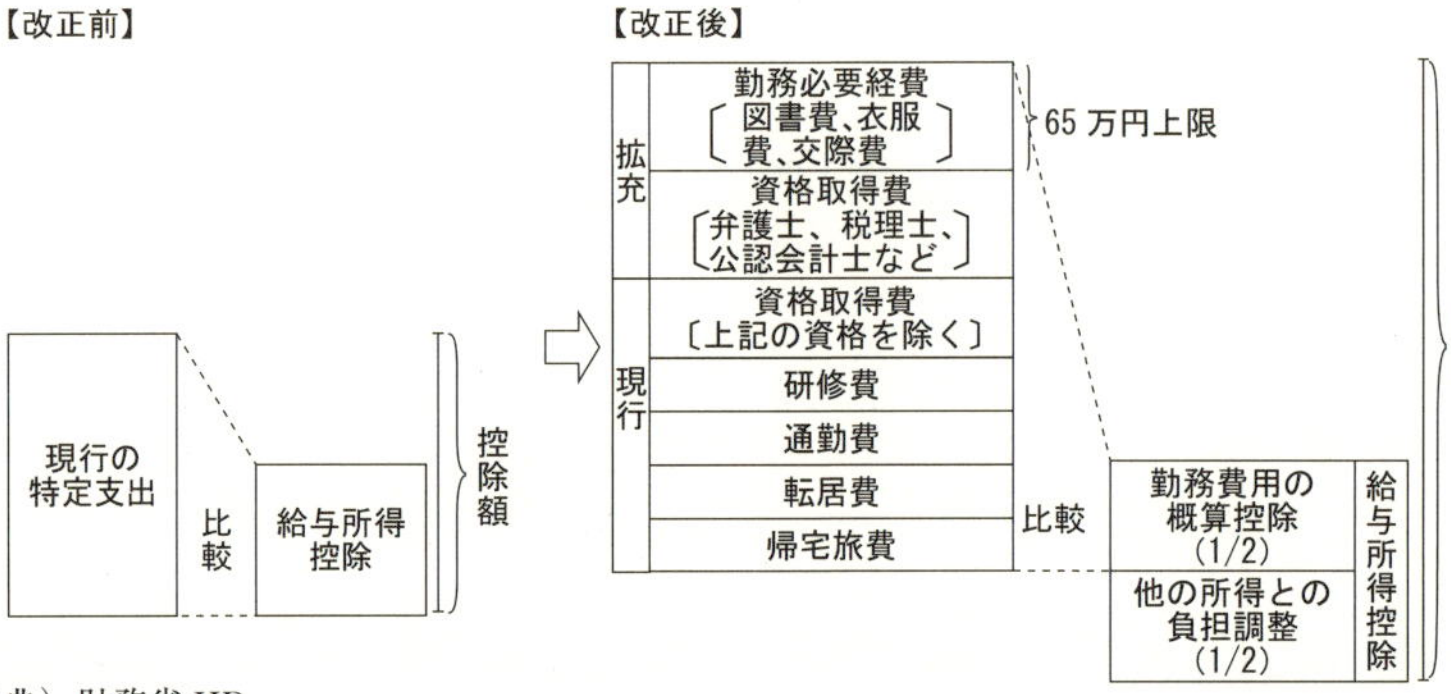

（出典）財務省 HP

て最高１２５万円まで控除が認められることになり、制度が幾分利用される可能性が出てきたところである。

先に述べた青色申告者の専従者に対する給与の問題は、その制度自体の問題というより、給与所得控除制度との関わりが問題となる。自営業者の場合、家族従業員給与は当然生じてしかるべきものであるが、その程度が明らかでないということである。従事していないのに支払うなどは論外としても、実際、どの程度まで働いていて、どの程度の収入が適当かを判断するのが困難なのである。所得分散により、累進課税の高い税率を回避するとともに、手厚い給与所得控除が利用できるのである。

以上のように、日本の個人所得課税

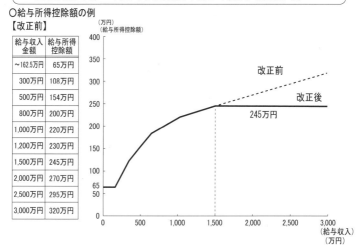

図15−２　給与所得控除の見直し（24年度改正）

○給与所得者の必要経費が収入に応じて必ずしも増加するとは考えられないこと、また、主要国に　おいても定額又は上限があること等から、給与収入 1,500 万円を超える場合の給与所得控除に上限（245 万円）を設定する。
※所得税は平成 25 年分から、住民税は平成 26 年度分から適用する。

○給与所得控除額の例

【改正前】

給与収入金額	給与所得控除額
~162.5万円	65万円
300万円	108万円
500万円	154万円
800万円	200万円
1,000万円	220万円
1,200万円	230万円
1,500万円	245万円
2,000万円	270万円
2,500万円	295万円
3,000万円	320万円

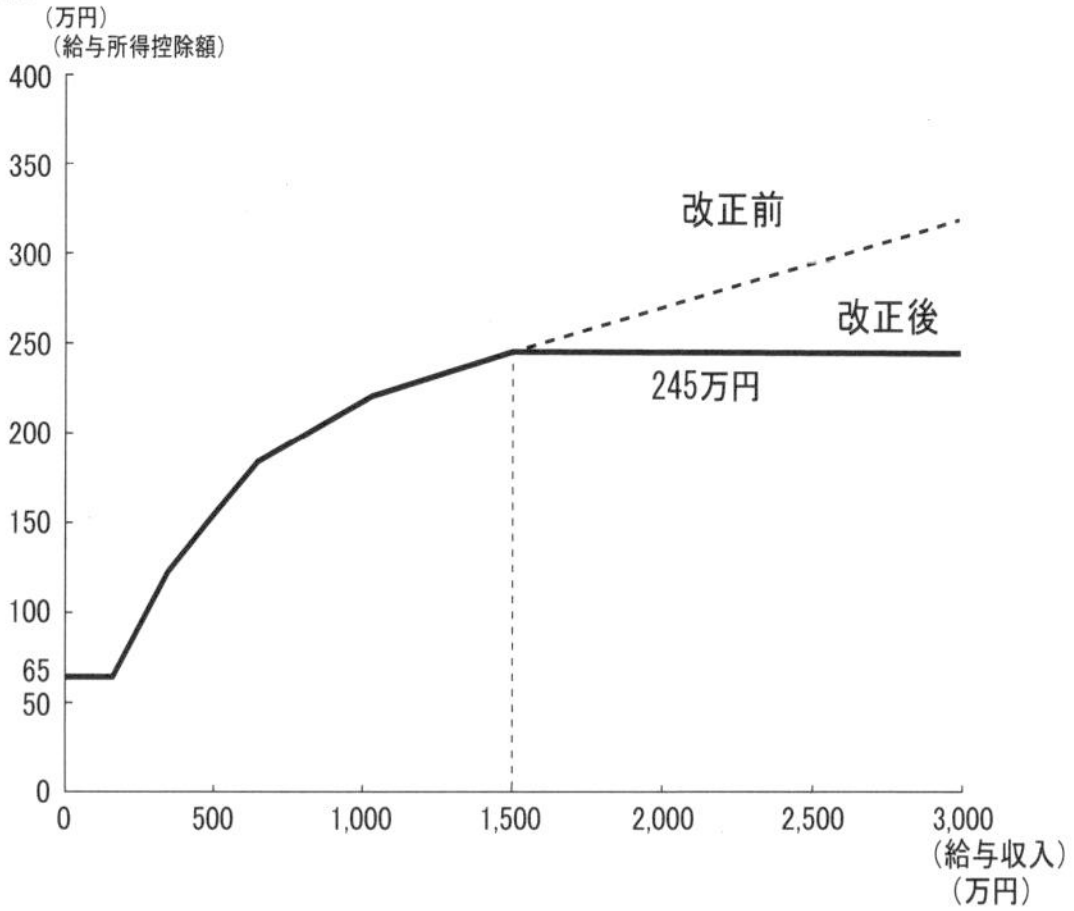

（参考）給与総額は202.3兆円、給与所得控除総額は59.2兆円、給与総額に対する給与所得控除総額の割合は29.3％である（平成24年度予算ベース）。
（出典）図15−１に同じ

は、豊富な所得控除制度と低税率ということに特徴付けられる。結婚、子育てや老いることについての対応は家庭内のこととして、自己責任で行えるように可処分所得を大きくすることで対応してきた。結果、公平性を失わせ、国債依存財政を生み出す一因ともなった。同じ所得控除金額であっても、所得を減らすのであるから、該当する課税所得段階の税率×所得控除分が減税金額となるのであり、所得の多いものに大きい効果をもたらしている。

『個人所得税の基本的改革』（OECD、2006）では、OECD諸国で課税ベースの拡大とセットで個人所得税率が引き下げられてきたことが指摘されているが、日本ではこの道を歩んできたとはいえない。当面は、所得に応じて減税額が変わる仕組みである所得控除を見直し、控除金額が減税額と同じである税額控除や、税を払っていなくとも手当として受け取れる給付への変更、導入されるマイナンバー制の充実など、課税ベース拡大の取り組みから考えていくべきだろう。

これまでの給与所得控除は、給与収入に応じて逓増的に控除が増加していく仕組みとなっており、上限はなかった。しかし、給与所得者の必要経費が収入の増加に応じて必ずしも増加するわけではなく、主要国においても定額又は上限があること等から、給与収入が１５００万円を超える場合の給与所得控除額については、２０１３（平成25）年度分から２４５万円の上限を設けることとなった。今後、給与所得控除額上限は、さらに引き下げられる見込みである。

16 やはり低い法人の負担構造

ＯＥＣＤ歳入統計２０１４年版によれば、２０１２年のＧＤＰ比税負担率では、これまで日本の負担が国際的に高いとされてきた法人税・事業税・法人住民税を含む法人所得課税負担率までも、ＯＥＣＤ諸国平均近くまで落ちてきた。社会保険料のうち、事業主の負担率は前からＯＥＣＤ平均を下回っており、このところ上昇傾向にはあるが、企業負担として高い水準とはいえない。結果として、税収の大きい主要な２つの税源、個人所得課税、一般消費課税の低い水準をカバーできるものとなっていない。国際的法人税率引き下げ競争の中で、日本の法人税、普通法人税率の最近まで30％という見た目の表面税率が諸外国に比べて高かったこと、経済界の要望、減税すれば経済は活性化するとのあまり根拠のない神話がその根本にある。

リーマンショックや円高など国際的に厳しい経済環境の中での復興財源の確保に際しても、２０１２年度から実効税率が５％引き下げられた上で、復興特別法人税として法人税額の10％分を上乗せすることとなった。実質減税である。税率上乗せは３年間の時限措置であることから税収確保はいよいよ難しくなったところであるが、さらにこの３年間の時限措置も１年前倒し、２０１３年度末廃止となった。一方で、復興特別所得税は、２０１３年から２０３７年までの25年間、所得税額に２・５％上乗せされるが、これはそのままとなる。

これまでは高い家計貯蓄率をもとに国債の国内消化が実現できたが、近年は高齢化が進み貯蓄率の減少も著しい。国債残高の規模としても借入余力が小さくなってきた現在、そして３・

11後の現在、改めて財源確保について考えなければならない。少子高齢化対策、経済対策、新たに重点項目となった震災、原発対応も、すべて歳出増に関わるものである。こうした問題に対し今までのように部分的減税など政策税制による対応を積み重ねていけば、税収減を伴うばかりでなく租税体系としての一貫性や理念が失われる。結果として、各層からの不公平感が増し、政府への不信と年齢や立場の違いによる対立が生まれ、租税や社会保障への信頼感が落ちてくる。

戦後の高度成長を実現できた要因でもあった様々な法人税の租税特別措置、数多く実施されてきた所得税減税は、企業や個人に対する負担配分を減税の形で変化させてきた。臨時的復興財源確保や社会保障財源としての議論ばかりでなく、公平の観点から租税体系の再構築が求められる。

世界的にも高齢化率の高い日本がなぜ世界最低の負担でいられるのか。財政危機に悩むヨーロッパ諸国はすでに日本よりかなり高い税負担率であり、負担の小さい日本にはまだ負担余力がある。政府の無駄、埋蔵金、何かやってくれそうな政党や指導者探し。現実逃避はもうやめにしたい。

この30年、所得課税、消費課税と同様、法人課税についても、税収確保への関心を失ってきた様子に変わりはない。そして、法人税率の引き下げは、2011年（平成23）年度税制改正案の中でも主要な取り組みの1つとなった。

法人税は、法人の所得にかかる税であり、普通法人か公益法人か協同組合か、また資本金の大きさなどなどによって税率を含む制度はかなり異なっており、軽減制度も多い。かつては、内部留保分と配当分の税率を分けて、配当を軽課していたこともあったが、今日は一律課税であり、１９８０年代以降の減税で10％以上引き下げられ、基本税率は30％、２０１２年より25・５％となっている。都道府県の法人課税である法人事業税についても、税率引下げの際、地方公共サービスの対価として赤字法人にも負担を求めようとする外形標準課税導入が議論されてきたが、景気動向から見送りが続き、ようやく２００４年に、極めて小さい範囲で導入されたところである。７割が欠損法人（赤字法人）とされ、中小企業のほとんど、大手の金融機関や商社などでも欠損法人のところは多い。公共サービスの対価としての税負担配分を考える必要がある。

ＯＥＣＤ統計では、日本の法人税・法人事業税など、地方税を含む法人所得課税のＧＤＰに占める比率は、１９８０年５・５％、１９９０年６・５％。ＯＥＣＤの平均は、１９８０年２・３％、１９９０年２・６％であったから、よく指摘されるように、日本はかなり高水準であった。負担軽減を求め税率引き下げ論が出てくるゆえんである。２０１２年統計でも、日本は３・７％。ＯＥＣＤ平均の２・９％よりやや高い。一方、ＧＤＰ比でみた社会保障を含む租税全体の負担率（国民所得比ではないが国民負担率に相当）は、日本がＯＥＣＤ平均を４ポイント下回る。日本の28・６％に対しＯＥＣＤ平均は34・１％。これまでもみてきたように、日本の個人所得課税や消費課税は世界でも極めて低い水準にあり、日本の租税負担全体を世界最低レベルに押し下げる要因となっている。そうしたことから考えれば、法人所得課税はＯＥＣＤ水準を上回る数少ない高負担の税種であった。

しかし、1980年代以降の法人所得課税は、OECD諸国では横ばいないし負担上昇傾向であるのに対し、日本では大きく減少傾向にあり、1980年の5・5%から2011年3・7%まで下落したことはすでにみたとおり。また、年金や医療等社会保障負担（社会保険料）といえば、我々は、勤務先と従業員折半のケースが多く、そういうものだと思っていると、これが違う。2012年、日本は被用者負担5・7%に対し事業主負担5・6%。しかし、OECD諸国平均では、被用者負担3・3%に対し、事業主負担5・1%と大きく開きがある。スウェーデン、フィンランドでは被用者負担がそれぞれ2・6%、2・9%であるのに対し、どちらも事業主負担は3倍近い。フランスでも、被用者負担4・0%に対し事業主負担は11・4%である。スウェーデンの場合、夫の育児休暇、イクメン分60日を含む480日まで取得可能な育児休暇として知られる両親休暇（390日は賃金の8割支給）制度についても、これまで全額企業負担で実現してきた。

企業が支払う法人所得課税に企業の社会保障負担分を加えた場合、日本では、事業主（企業）負担が9・3%であるのに対しスウェーデン、フィンランド、フランスなどでは、法人所得課税のみの負担は小さくとも、社会保障負担分を含めれば、10%を超えてくるのである。

法人所得課税については、国際競争の中で先進国を目指し税率引き下げを進めてきた以上、課税ベースの拡大に向けて、様々な租税特別措置の整理を一層進めていく必要がある。比較すべきは税率ばかりではない。また、子育てが社会化され子ども手当や児童手当制度が幅広く取り上げられるようになれば、今後、企業の家族手当や住宅手当など企業内福利厚生も社会化し、社会保障の枠組みの中に含めるよう変えていかなくてはならない。企業と従業員の社会保障負担割合の見直しも考える必要があるだろう。

国際競争力のための減税。法人負担が大きいと企業が海外に逃げていく。所得税が高いと国民が逃げていくという論と同様の主張であるが、どちらも実証不可能な事柄である。そうであるなら、北欧を含むヨーロッパには誰も住まなくなり、工場や事務所は撤退し、経済状況も最低になるはずである。企業立地は、為替レートや人件費、地代、治安など総合的な判断と考えられ、税金がすべてではない。税制調査会の法人税ＤＧ第１回会議、参考資料でも、各種調査の中で、外資系企業にとって税よりもビジネスコストの高さに関心が高いことが紹介されている。法人税率はアジア、所得税率はアメリカ。次々と低い税負担の国々を探し出して対比しては減税を求め、各国の特徴や負担の大きい部分を無視しているようでは、少子高齢社会をみんなで乗り越えることは難しい。集めやすいからといって消費税と国債ばかりに負担を負わせることはできない。体系的な検討が望まれる。

17 物品税から消費税へ―バブルの一因としての租税政策

国税における間接税改革の議論は、産業構造がものづくりを行う第2次産業中心の経済から第3次産業を中心とする経済への変化、つまりサービス業の拡大に伴う課税ベース拡大の必要性によるものであった。それまで、物品税という製造物品売買に対する課税はあっても、物でなく形のないサービス取引について課税する部分は少なく、宿泊や食事などに課税する料理飲食等消費税など、限定的であった。

さらに、商品の選定について課税の影響が及ばないほうがよい、中立的な税制が望ましいとされた。物品税は、物品といっても一般的に何にでもかかるというものではなく、基本的に奢《しゃ》侈《し》品（贅沢《ぜいたく》品）課税的なものである。この奢侈品と一般的物品の区分の不明確さゆえに、なぜコーヒーにかけてお茶にかけないのか、洋箪笥《だんす》にかけて和箪笥にかけないのか、ゴルフ用品とテニス用品は、毛皮と和着物などが議論となった。

また、昭和末期には、とくにアメリカ、さらにEC（当時）との乗用車、ワイン、ウイスキーなどをめぐる貿易摩擦も、課税ベースの広い間接税導入や酒税改正の直接の要因の1つとなった。売上税実施への議論が高まった1986(昭和61)年度、物品税は、自動車等47・1％、家電製品27・9％、合わせて75・0％の税収がこの2種類で占められており、自動車については、普通乗用車23％、小型乗用自動車でも18・5％の税率で課税されていた。納税義務者は、販売業者か製造業者であったが、そのほとんどは製造業者である。当時、今日ほど環境への関心があれば、多少違った動きもあったのかもしれないが、物品税のもつ排気量に応じた税率が海外の大型車を締め出すことになっているとの議論があり、内外を問わず自動車大型化の流れができてしまった。一律税率の消費税（当初6％、その後3％）となったため、大型車ほど減税幅が大きかったのである。今日、低公害、低燃費、ハイブリッド車の開発が進められ、台数も増えてきてはいるものの、当時の改革の方向は、燃料消費量の減少を相殺してしまうことになった。かつての物品税は消費税に比べ、グリーン化、環境税的効果をもっていたともいえるのである。

このように、導入の目的は、一般消費税は財政再建、売上税は減税の財源、そして消費税は高齢化社会や国際化など、かなり異なったものとなっていた。それに合わせて、所得税・法人税などと合わせた税制改革による収支も増税超過（一般消費税）、増減税中立（売上税）、減税超過（消費税）と変化し、今日の巨大な債務国家のベースとなった。

89年、消費税導入と物品税の廃止が実施された。それに伴い、地方税の多くの税目がこれに収斂《しゅうれん》し、整理・統合の方向に進んできた。料理飲食等消費税は、戦前、日中戦争の経費、奢侈的経費の抑制などを目的として芸者の花代への課税などを行ってきたものであったが、戦後、遊興飲食税を経て、1961（昭和36）年、料理飲食等消費税（料飲税）と名称変更、一定額以上の飲食や宿泊に10％税率で課税し、6000億円程度の税収（消費税導入前）をあげる道府県税であった。消費税導入後しばらくは、税率3％の特別地方消費税（税収1300億円程度）として残されたが、1999（平成11）年をもって廃止されている。免税点を超える宿泊、飲食の税負担についてみると、10％（料飲税）から、6％（特別地方消費税と消費税）、消費税への統合に変化してきたことになる。

このほか、市町村税の、木材引取税、電気税、ガス税が消費税に統合され、娯楽施設利用税がゴルフ場利用税として限定的なものとなり縮小された。1989年、消費税とともに導入された消費譲与税（地方譲与税の一部。1997年、消費税率引き上げに伴い廃止）の配分は、こうした個別消費税の廃止による減収額に応じて、道府県11分の6、市町村11分の5となった経緯がある。税負担の全体的変化としては、高額所得者、高額商品・サービスの消費者に減税、一般に負担を幅広く広げる形となった。

89年のバブル景気は、土地・株などの財産価値、担保価値上昇と、それに伴う積極的な融資により、そして家計や民間企業の側からみれば、住宅購入意欲、投資拡大とともにピークを迎え、土地本位制ともよばれた。その後、土地・株などの価格下落とともに、バブルは崩壊する。バブル期でも、物価上昇率に関わる一般的なものの値段自体は比較的安定的であったが、それはお金が土地と金融資産に特に集中したためであった。

こうしたことから、土地政策や金融政策がバブルの要因であったとされることが一般的であるが、租税政策にもその要因はあったのである。

⑱ 消費税制の課題

消費税導入は、高額商品の減税という効果で、バブルをピークにもっていった要因ともなったが、その後景気は調整期に入る。

財源確保のため、94年、細川政権下での「国民福祉税」という7％税率の一般的消費税導入（実質的には消費税廃止による振り替え）に失敗した後、97年、消費税は国税分で3％から4％（ほかに地方消費税1％を合わせると5％）に引き上げられた。それまでも3％税率当時にも国税である消費税の5分の1が消費譲与税（地方譲与税の一部）として地方に配分されていたから、5％分の5分の1が地方へ配分という点では同様である。ただし、譲与税が地方税となったことが改正点であった。

このほか、89年の消費税導入時に問題となった「益税」（本来、国庫に入るべき消費税が事業者の利益となってしまうこと）を生じる要因とされた免税点の高さ、簡易課税、限界控除、年間の申告回数などいくつかの課題は、かなり時間をかけたものの改革の方向に向かってきた。

多くの業者が免税制度を利用できることになっていた免税点の適用上限は、2003（平成15）年度改正でようやく3000万から1000万円に下げられたが、EU諸国よりやや高い程度の水準まで下げてくるのに15年の歳月を要したことになる。また、仕入れ控除総額を課税売上高に対する税額の一定割合とみなす簡易課税（仕入れ金額が実際より多く設定されれば

「益税」、少なく設定されれば「損税」となる）の適用上限も、2億円から5000万円に引き下げられている。これまで申告納付の回数が年2回と4回であったことで、中小事業者に預かり金という意識がなくなり、運転資金や運用に回されたりあたかも自分のお金のような感覚に陥ったりする可能性があった点、すなわち間接税でありながら直接税であるかのような感覚にさせられる問題点も解消されることになった。すでに1994（平成6）年度に実施された限界控除制度（課税売上げが3000万円を超えてはいるが、5000万円未満の事業者には課税額を軽減する制度）を廃止、また、1997年に仕入税額控除の要件に請求書等の保存が加えられ、ようやくゆっくりとした改革のあゆみが進行してきたところである。

しかし、納品書や送り状の提出を義務づけて透明性をあげるインボイス方式を導入せず基本的には帳簿方式であること、複数税率を設けていないこと、食料品などにゼロ税率を設けていないこと、あるいは税還付による負担軽減策、簡易的課税方式による益税問題等、税率引上げを議論するのであれば、EU等の財政政策と付加価値税制度をみながら見直しを図っていくことは避けられない。制度の問題点は、一般消費税と売上税の2回の導入失敗経験から、批判回避、まずは実現可能性重視ということで制度設計されたことを要因とするものが多く、また益税問題さえ解決すれば、インボイス方式さえ導入されればよい税制であるとの論もあるが、これを解決しなければ公平な税制とはいえず、そもそも本格的付加価値税とはいえないだろう。

消費税を導入して20年以上がたった。パソコンの普及もめざましい。中小・零細企業でのコンプライアンスコストから導入が難しいともいわれたインボイス方式への対応は十分にできると考えられる。消費税は８％となったが、10％への引上げは延期され、２０１７年４月に10％へということになったが、インボイス方式導入の議論が深まらないことは気がかりである。

19 EC（EU）付加価値税の教訓

ECのVAT指令（2006年11月28日）によるVAT（付加価値税）の基本的考え方は、財・サービスに対し最低15%の標準税率を設け、第6次VAT指令の別表H（Annex H）に限定列挙された財・サービス項目のみ、5%を下回らない1つか2つの軽減税率をおくことができるというものである。これ自体は極めて単純な法則であるが、実際には、ECと加盟各国との交渉によって例外が認められているため、国によってかなり多様な状況になっている。

5%未満の超軽減税率、その究極の形であるゼロ税率は、いくつかの国で採用されてはいるが、ECの規定からは外れるため廃止が求められている分野である。簡素化や合理性に反する、経済の中立性に反する、税が低くても子供用品が大人用品に比べ必ずしも安いとはいえないとか、地域の購買力や物価水準に影響を受けるため、子供服などに極めて低い税率を設定したからといって必ずしも望ましい商品価格になるともいえない、そもそも子供用品の定義もあいまいであるというのがその理由である。

また、雇用の創造、ブラック・エコノミー（課税を逃れている事業取引）回避を目的として、労働集約的サービス（人手を多く必要とする産業）分野も例外が認められているケースがある。これは、各国の業者間で不公平な競争を生じさせる心配はないということで、家の補修、窓ふき、自転車修理、理容、最近ではレストランやケータリング業にも適用されているものである。さらに、市場の統合に際し拙速な標準税率適用が難しい分野であるが、第6次VAT指令の別表Hに挙げられていないものから、一時的に軽減税率（最低12％）の継続を認めた過渡的軽減税率（Parking Rates）というものもある。5か国に適用されているが、燃料やワインなど国によって様々である。

２０１１年、ＥＣ加盟国の税率をみよう。標準税率は、ルクセンブルク、キプロスの15％からスウェーデン、デンマーク、ハンガリーの25％まである。平均税率は20・7％である。なお、今のところ加盟していないが、アイスランドは、財政危機対応で25・5％とヨーロッパ最高標準税率である。ＯＥＣＤ32か国平均は17・7％であるから、ＥＣ諸国の数値だけをとったほうがかなり税率は高い。規定に合致する5％以上の軽減税率はほとんどすべての国が設定しており、1つ設けているところと2段階設けているところがある。5％から18％にわたり、これらを平均すると8・62％となる。

本来規定外とされている5％未満の超軽減税率を設定している国は数少なく、スペイン、フランス、アイルランド、イタリア、ルクセンブルクの5か国で、その平均は3・58％である。このほかにもゼロ税率の設定がある国もあるがかなり限定的であり、旧あるいは現英連邦の3か国イギリス、アイルランド、マルタ以外は水や公共料金、薬程度である。

イギリスでは、1973年のＶＡＴ導入前の消費課税制度である物品税の仕入税が、贅沢品と生活必需品を分け前者の課税を厳しく後者を軽減するという社会政策的側面から制度設計され、ここで免税とされていた食料品や書籍などが今日まで継続しているものである。この間、ＥＣや国内において見直し機運があったが、大きな変化はない。5％を下回る超軽減税率を積極的に利用しているのは、3%の設定項目の多いルクセンブルクで、食料品、子供用衣類、書籍、水等がある。そのほか、イタリアとスペインでも、食料品や書籍が対象となっている。

ECは2004年、VAT indicatorsというワーキングペーパーを発行し、2000年当時のEC15か国についてVATの課税ベースについて分析している。2000年、すべての課税ベースのうち、標準税率の課税ベースは平均で67%、軽減税率は25%、超軽減税率は9%、ゼロ税率は6%であった。ゼロ税率はあっても新聞のみで、他の軽減税率等例外がなく課税ベースのほとんどすべてが標準税率の国はデンマークである。また、標準税率の課税ベースが最も小さいのはスペインの46%で、軽減税率の課税ベースが最も大きいのもスペインで44%を占めている。しかし、EC指令に合致する標準税率と軽減税率を合わせた課税ベースは、ほとんどの国で合わせて8割を超えているが、ルクセンブルクのみ5割にとどまっている。ここでは、残り5割がECで基準外の超軽減税率と過渡的軽減税率となっている。また、ゼロ税率は、採用されていてもほんのわずかである国が多いが、イギリス19%、アイルランド12%はやはり大きい数値である。

1996、1998、2000年の3つの年度で比較してみると、全体的には税率ごとの課税ベースの変化は少ないが、変化幅が大きい国が4つある。アイルランドではゼロ税率が16・4%から12・4%へ、標準税率も3ポイント下落して、それらの分が軽減税率に振り替わっている。スペインでは標準税率から軽減税率へ、ルクセンブルクでは標準税率と超軽減税率が減って過渡的軽減税率(12%)が増え、それぞれ5%前後の移動がみられる。唯一、軽減税率から標準税率へ移動したギリシャを除けば、高い税率でも低い税率でもない10％前後の税率に相当する部分が少しずつ増えていく傾向がみられている。

また、２００７年のワーキングペーパーでは、２００６年の25か国について、標準税率を使っていないことでＧＤＰ比どれくらいの収入減を生じているか示している。これによれば、例外が少ないためほとんど影響がない国がデンマーク、スロバキア、収入減が最も大きくＧＤＰの１・３％から１・７％に達しているのがマルタ、ギリシャ、ポーランド、ポルトガル、キプロスとなっている。イギリス、ルクセンブルク、スペイン等も１・０％から１・２％収入減の水準にある。２００４年のワーキングペーパーで標準税率相当課税ベースが少なく例外が多い国が、ＧＤＰ比の収入減も大きい傾向があるといえるだろう。

20 日本の消費税の軽減税率をどうするか

付加価値税としては標準税率が低いわりにはGDP負担率としては大きい、おそらくは国民の負担感も大きいというのが、日本の消費税の特徴である。

財源確保の観点、すなわち現在よりも税収を上げるためには、軽減税率など例外規定を設けないか極力小さくする必要があるが、それでは逆進性の緩和ができない。フリードマンの恒常所得仮説やモディリアーニのライフサイクル仮説などをベースに、恒常所得や生涯所得から消費支出が決まる、すなわち消費支出合計が生涯所得となるとみれば逆進性は存在しないとの議論もあるが、高額所得者になればなるほど限界消費性向が小さくなる可能性や、高額所得者に資産が多いことなどを勘案すれば、逆進性の問題なしとはいえない。消費段階で課税しなくても、相続段階で課税すればよいという考え方もあるが、亡くなった者が残した遺産に課税する遺産税方式でなく、相続する人々に課税する相続税方式をとる日本では、世代間資産移転税制として十分な再分配効果をもつかどうか。

何よりも、標準税率10%を超えるほとんどの国で、軽減税率を中心とした負担緩和制度が設定されていることからもその必要性は否定できない。ただ、その多くは、EU加盟国であり、EUという一国を越えた機関がVATの税率を含む制度について指針を示している。その点で、日本はこれまで、世界の一般的傾向からは自由にはずれていくことができたともいえるのである。

負担緩和制度には、最終負担者たる消費者に対するものと納税義務者に対するものとして免税点、非課税、軽減税率、簡易課税、限界課税、所得課税の税額控除等があるが、前段階の業者の税負担を控除できるかどうか、すなわち特例制度利用者の前後で不公平が生じる可能性があることから、制度として必ずしも評価の高くないものもあり、実際、日本でもこれらの多くの部分の縮小・廃止を進めてきた。すなわち免税点の引き下げ、簡易課税の縮小、限界課税の廃止である。また中小企業向けに、年間の納税回数を少なく設定していたものを増やし、預かった税を安易に運転資金として回すことにならないよう、徴収率引き上げと公平性の観点からの改革も進められた。2012年からは、仕入れ税額控除について設定されていた95％ルール、すなわち仕入れ税額控除算定の際、課税売上げが95％以上であれば全額控除できるというルールを課税売上げ5億円以上の事業者については適用されないようにすることにした。全体としては、大企業向けの課税漏れ調整であり、例外規定を少なく中立性確保を進めるものとして評価できる部分も多い。納税義務者の側の制度改革としては、負担緩和措置の縮小ということになる。

ただし、相変わらず、仕入れ税額控除の要件については帳簿方式が基本であり、その後の改正で請求書等保存も求めるようにしたものの、今日までインボイス方式の導入には至っていない。中小零細企業が多い日本の特徴から、当初、導入コストの問題などが取り上げられたが、消費税導入からすでに20年を超え、コンピュータの普及も著しい。複数税率がなかなか実現しない要因の1つが、帳簿上だけの取引で課税を求めた場合、税率設定が多数あると申告・納税手続きが困難であることがあげられ、インボイス方式の導入は避けて通れない課題である。

一方、標準税率が低率に据え置かれてきたこともあって、最終負担者である消費者向けの負担緩和、逆進性緩和については進んでいない。複数税率による負担緩和制度としては、おもに軽減税率とゼロ税率がある。⑲で述べたように、EUではゼロ税率を認めておらず、食料品、子供用衣類、書籍など幅広く採用しているイギリス、アイルランド、食料品に採用しているマルタを除けば、新聞、公共料金など一部に適用する国があるが、それも若干である。軽減税率が適用される物品・サービス品目については、国ごとに様々であるが、主として社会政策的なサービス、あとは、食料品や書籍、観光、飲食店、交通運賃に採用する国がある。イギリス、アイルランドでゼロ税率となっている子供用衣類は、他国では軽減税率としている国もそれほど多くはなく、ほぼすべて標準税率が適用されている。国際比較の観点からは、細かいものを別とすれば、やはり、食料品をどう取り扱うかということになろう。

ヨーロッパには、VAT以外の税も含め税負担が大きく、再分配も大きい国が多い。税を集める時には例外が少なくとも、豊富な給付があるということである。たくさん集めてたくさん配る傾向にある。一方で、世論調査でみても、子ども手当、児童手当に所得制限を付けるのが当たり前と考える人も多い日本では、払う者も給付される者も極力限定的にと考える。現在の税負担水準や財政の規模について、高齢化による自然増部分程度の負担増を容認するか否かでなかなか結論が出ない状況をみれば、その傾向が大きく変化するとも思われない。㉔でみるような普遍主義的政策はまだ実現困難な状況である。

そうしてみると、食料品を含む生活必需品を社会政策的観点から軽減税率としていかなければならないだろう。かつて、１９８０年代、奢侈品課税としての物品税対象品目の８割が電気製品と自動車であり、品物の種類や自動車の大きさなどによって税率が異なっていたことを考えれば、必ずしも生活必需品とはいえないものを標準税率として、生活必需品を軽減税率とすることを考えるべきである。税率設定の仕分けは困難であるが、やはり対応する必要があろう。

21 カナダ、消費税の逆進性を緩和する税額控除（ＧＳＴクレジット）

軽減税率は、税の負担「率」の是正には効果があるものの、減税による絶対額では、高額所得者ほど消費額が大きいため、結果的に低所得者層よりも高所得者層に負担「額」の減少メリットが大きいという問題もある。こうした問題に対応する観点からは、税額控除方式も議論となりうる。このひとつの例がカナダの方式である。

カナダの連邦の財サービス税ＧＳＴ（Goods and Services Tax）は、イギリスやスウェーデンにみられるような勤労税額控除ではないため、勤労促進や社会保障支出削減策としての機能はない。間接税の逆進性に対応する目的で、ＧＳＴ導入時からＧＳＴ控除制度が導入されている。一方、勤労税額控除のような勤労促進のための控除は、福祉国家で、移民問題や若年層の失業、政府の給付に頼るモラルハザードなどが問題となる国で採用されているケースがある。

カナダのＧＳＴは、１９９１年に７％で導入、２００６年に６％へ引き下げ、同時に所得税も減税した。２００８年、連邦税は５％となり、州税は州ごとに決定されることとなった。州税と合わせてＨＳＴ（Harmonized Sales Tax）ともいわれている。還付の申し込みにはレシート保管の必要はなく、納税の手続きをすれば、税務当局から低所得者へ家族構成に応じた税額控除として直接小切手か銀行口座に還付金が振り込まれる方式である。処理のために社会保障番号が用いられており、管理システムの重要な基礎となっている。

２００９年の制度は以下のとおりである。

本人　年間２４８カナダドル（１ドル約81円で２万88円）
配偶者　年間約２４８カナダドル
18歳以下１名につき　年間１３０カナダドル（１万５３０円）
夫婦と子ども２人世帯　年間７５３カナダドル（６万９９３円）
ひとり親の場合の配偶者みなし加算　２４８カナダドル

　このほか、単身者加算、物価スライド制がある。

　年間所得が２万カナダドル以下の世帯はほとんどすべてがＧＳＴ控除の受け手となっている。２万カナダドルから３万９９９９カナダドルの世帯については90％程度が受け取っている。その後漸減し、６万カナダドルから７万９９９９カナダドルの世帯については24％となるが、世帯当たりの人数の関係でその後は微増し、10万カナダドル以上の世帯についても33％が受け取っている。

　２００３年においてＧＳＴによる歳入は３０６億カナダドル（≒２兆４０００億円）、約一割に相当する29億カナダドルがＧＳＴ控除として還付されている。課税前の総所得は１年間に７６４７億カナダドルで、ＧＳＴ控除給付は政府による所得移転の約５％であり、給付を受け取る家計にとってその総収入の１％に過ぎない。受給世帯の平均受取額は年間３８９カナダドル（≒３万１５００円）と低額である。

　カナダでは、その一方で、食料、医療サービス、処方箋《せん》による医薬品、住宅の賃貸料などのかなり広範囲な免税・ゼロ税率品目もある。ＶＡＴ（付加価値税）型の間接税を導入している先進国の中で、食料品への軽減税率が導入されていない国は、韓国、デンマーク、日本等と極めて少なくなっている。さらに、カナダには所得制限なしのものと所得制限付き逓減式のものなど多様な子ども手当も別にある。逆進性緩和策も組み合わせてとられており、どれか１つがすべての政策効果を担っているわけではないことに注目すべきだろう。

22 国別比較─付加価値税（ＶＡＴ）が上がると消費にマイナスか？

一般論で言えば、付加価値税（ＶＡＴ）が高税率であれば、消費にはマイナスの影響が出るから、税率が高くなればなるほど消費性向は減少することになり、ＧＤＰ比でのＶＡＴ負担率も低くなる（**表22－1**参照）。日本で、消費税アップに反対する声は、生産者側からは消費の減少、すなわち販売量の減少が懸念されている。消費者側からは可処分所得の減少、生活費への影響が心配されている。しかしながら、実際には、集めた税金は財政支出として国民経済の枠組みに戻ってくるのであるから、強い経済、強い財政の枠組みの中で、必要な分野に戻るのであれば問題はない。単なる配分の変化である。とはいうものの、消費減退から高税率国でのＧＤＰ比負担率へのマイナスの可能性を考慮しつつみていくことにしよう。

表22－1に掲載した国々は、ＧＤＰ比でみた一般消費課税負担率の高い国、標準税率の高い国、ゼロ税率や軽減税率の採用範囲が比較的広い国、狭い国を抜き出したうえで、フランス、ドイツ、日本を加えている。こうした国々の中から、課税ベースの外形的大きさから特徴的な国を基準として取り上げ、比較を行った。イギリス、アイルランドは比較的例外が多くゼロ税率等適用範囲の広い国であり、こうした国の中からイギリスを基準とした。デンマーク、スウェーデン、アイスランド、ニュージーランド、カナダ等は、軽減税率やゼロ税率など例外が少なく標準税率適用部分が大きい国で、ここではデンマークとニュージーランドを基準としている。これに日本を加え、４か国を基準とする。

縦の列は、基準国の制度や課税ベースを用いたならば、各国の「負担率」を確保するのにどの程度の税率を必要とするかを示している。日本を基準とすれば、デンマークの負担率を確保するのに税率17・9%、イギリスの負担率を確保するのに12・8%、ニュージーランドの負担率を確保するのに18・3%が必要となる。すなわち、日本がデンマークやイギリス程度の「税収」を得ようと思えば、デンマークやイギリスほど高率の標準税率を必要とせず、ニュージーランドほどの税収を得ようと思えば現在のニュージーランドの税率以上の税率にしないと確保できないということになる。同様に、ニュージーランドの制度や課税ベースを用いればカナダを除くすべての国で、各国で採用している標準税率を必要としないという

表22-1　主要国の付加価値税標準税率と実際の負担状況

（2012年、負担率、税率は%）

	GDP比付加価値税負担率(A)	付加価値税標準税率(B)	(A)/(B)	ニュージーランドの税率換算税率	日本の税率換算税率	デンマークの税率換算税率	イギリスの税率換算税率
ニュージーランド	9.9	15	0.66	15	18.3	25.5	28.7
デンマーク	9.7	25	0.388	14.7	17.9	25	28.1
ハンガリー	9.1	27	0.337	13.8	16.9	23.5	27.3
フィンランド	9.0	23	0.391	13.6	16.7	23.2	26.1
スウェーデン	8.9	25	0.356	13.5	16.5	22.9	26.3
アイスランド	8.1	25.5	0.318	12.3	15	20.9	23.5
ノルウェー	7.7	25	0.308	11.7	14.3	19.8	22.3
ドイツ	7.1	19	0.374	10.8	13.1	18.3	20.6
イギリス	6.9	20	0.345	10.5	12.8	17.8	20
フランス	6.8	19.6	0.347	10.3	12.6	17.5	19.7
アイルランド	5.9	23	0.257	8.9	10.9	15.2	17.1
イタリア	5.9	21	0.281	8.9	10.9	15.2	17.1
カナダ	4.2	5	0.840	6.4	7.8	10.8	12.2
オーストラリア	3.3	10	0.330	5	6.1	8.5	9.6
日　本	2.7	5	0.540	4.1	5	7	7.8

（出典）　*Consumption Tax trends*, OECD, 2014 より作成。

注1　付加価値税標準税率は2012年1月1日現在。

2　ニュージーランドの負担率換算税率%は、各国負担率÷9.9(ニュージーランドの負担率)×15%。日本の負担率換算税率%は、各国負担率÷2.7(日本の負担率)×5%。デンマークの負担率換算税率%は、各国負担率÷9.7(デンマークの負担率)×25%。イギリスの負担率換算税率%は、各国負担率÷6.9(イギリスの負担率)×20%

ことになり、イギリスの制度を使えば、多くの国で標準税率アップが必要となる。イギリスほど幅広いゼロ税率を採用すれば、日本は現在の税収を得るのに7・8％の標準税率が必要で、逆に日本ほど例外が少なければイギリスの標準税率は12・8％で足りることになる。したがって、課税ベースの大きさは、この4か国を比較すると、ニュージーランド、日本、デンマーク、イギリスの順となる。日本も課税ベースの広い、例外の少ない国の中に入ってくる。

ＧＤＰ比負担率と標準税率との関係をみれば、概して正の相関をもつといえるが、個別にみればかなり様々である。ＧＤＰ比一般消費課税負担率を標準税率で割って標準税率1％当たりの一般消費課税負担率をみると、0・3％台と0・4％台がほとんどで、カナダ0・84％、ニュージーランドが0・66％、日本が0・54％と高い。とくに、標準税率2桁の中でニュージーランドの状況は際立っており、標準税率がフィンランドやデンマークよりかなり低いにもかかわらず負担率はこれらの国を上回る。

また、ＯＥＣＤの「消費税の動向」（*Consumption Tax trends*）では、２００６年版でＣ効率性（C-efficiency ratio）を使い、２００８年版や２０１４年版ではＶＡＴ収入比率（VAT Revenue Ratio）を用いて、どの程度税が徴収できているか、徴収割合を比較する指標をあげている。

Ｃ効率性＝｛（ＶＡＴ税収／国の消費総額）×１００／（ＶＡＴ標準税率％）｝×１００

ＶＡＴ収入比率＝（ＶＡＴ税収）／｛（消費総額－ＶＡＴ税収）×ＶＡＴ標準税率｝

表22-2によってみよう。

表22-2　主要国の付加価値税率とC効率性、VAT収入比率

	付加価値税標準税率	C効率性（2003年）	VAT収入比率（1992年）	VAT収入比率（2012年）
ハンガリー	27	41.3	0.3	0.52
アイスランド	25.5	49.2	0.56	0.45
デンマーク	25	51.6	0.56	0.59
スウェーデン	25	47.3	0.41	0.56
ノルウェー	25	52.5	0.58	0.57
フィンランド	23	52.9	0.54（1996年）	0.56
アイルランド	23	55.5	0.45	0.45
イタリア	21	38.2	0.37	0.38
イギリス	20	46.4	0.47	0.44
フランス	19.6	45.3	0.53	0.48
ドイツ	19	50.5	0.61	0.55
ニュージーランド	15	96.4	0.96	0.96
オーストラリア	10	53	0.56（2005年）	0.47
カナダ	5	66.5	0.44	0.48
日　　本	5	65.3	0.68	0.69
OECD平均	18.7	52.9	0.53	0.55

（出典）　*Consumption Tax trends*, OECD, 2006, 2008, 2014より作成。

注　付加価値税標準税率は2012年1月1日現在。1992年のVAT収入比率は、1992年にVAT導入前のフィンランドは1996年、オーストラリアは2005年数値。

消費総額のマクロの数字からみて標準税率で本来徴収可能な税額に対し、実際VAT収入となった額がどれくらいかをみている点では目指すところは同じである。ただ、C効率性の場合、消費の中にVATを含んでいるため、正確に課税ベースを算定できていないということで、この部分を除いたものがVAT収入比率となる。また、C効率性の場合、100を掛けているので単位は%となり、単一税率でVATとして完全に徴収できれば100となり、VAT収入比率の場合、単一税率で完全な課税が実現できれば1に近づくことになる。また、ゼロ税率や軽減税率のような例外税率は社会政策的に意味のある場合があり、すべてを「効率性」の面からマイナス評価していいものかどうかということで、この言葉を使わず2008年版以降ではVAT収入比率と表現することとされた。

当然のことながら、VAT収入比率を百分率に直した場合、分母が小さくなっているためC

効率性より数値が大きい。また、標準税率の高い国の両比率が低く、標準税率の低い国の両比率が高い傾向は同様である。最も数値の大きいのはニュージーランドであり、ＶＡＴ収入比率については1を上回っており、極めて例外が少なく、徴収率も高いといえるだろう。

こうした状況は、ゼロ税率、軽減税率、非課税品目や事業者免税点などのほか、租税回避や納税者の順法精神など多様な要因によるものとみられる。

スウェーデンは、制度的には比較的例外が少ない国であると思われるが、租税回避や脱税が多いためC効率性、ＶＡＴ収入比率とも高くない。スウェーデンのブラックワーク（課税を逃れた仕事）の規模は、付加価値税の約14％程度で、資本所得税の65％、法人税の33％に比べれば割合的には少ないが、税収の規模が大きいことから金額的には３５０億ＳＥＫに上り、法人税、社会保険料、勤労所得税を上回り、税種別ではトップである。とくに、掃除やベビーシッターのような相対取引の人的サービスの場合、事業内容を完全に把握するのは難しい。スウェーデンの大臣がブラックワークのお手伝いを頼んでいたことが問題になったこともある。国民総背番号制があっても万能ではないことを示している。ただ、１９９２年に比べ２０１２年のＶＡＴ収入比率は上昇している。これは、１９９１年に住民登録事務が教会から国税庁に移管され、背番号制のＩＴ基盤データ化が促進されたことも影響しているとみられる。また、イタリアは、イギリスほどゼロ税率や軽減税率を採用していないが、どの数値も最も低くなっている。

一般的には、標準税率が上がればＶＡＴ収入比率は下がり、標準税率が下がればＶＡＴ収入比率は上がる傾向にある。国によっては、公共交通など以前は免税であった分野が課税となったためにかえって収入比率が落ちるケースもあり、影響は一様ではない。日本の消費税は、軽減税率と国内ゼロ税率がない単一の標準税率を適用しているため、VAT収入比率は高い。また、1992年と2012年の間に、税率引き上げのほか、限界控除制度の廃止、事業者免税点の引き下げと簡易課税制度の適用上限引き下げ等課税ベースを広げる改正があったが、この間のVAT収入比率の動きに、とくに変化はみられていない。2012年、OECD統計33か国中、日本のVAT収入比率は、ルクセンブルク、ニュージーランド、スイス、韓国に次いで高いほうから5番目。OECD平均をかなり上回った。

消費税標準税率が、低く設定されてきた割には負担感が大きかったゆえんである。税率1%約2兆2千億円程度で推移してきており、税率引き上げの影響はそれほど大きくない。

23 消費税の使い道限定論

消費税の使い道限定論は多い。福祉目的税、社会保障目的税など使途を限定しないと気が済まないようでもある。おそらくは、政府への不信ばかりでなく人間不信にもよっているといえるだろう。自分に関係のないところに使われてしまうのではないかと。一方、消費税導入の歴史でも示したように、積み上がった国債について、すでに将来の財源、将来の税を使ってしまっているということで、財政再建の要請もあることは周知のことである。借金を返すだけであれば負担のみで、サービスや給付に変化はないのであるから、当面何のメリットもないと感じるため、支払うことに耐えられないのである。

２００９（平成21）年６月19日、基礎年金国庫負担割合を２分の１に引き上げるため、２００９（平成21）年度及び２０１０（平成22）年度について財政投融資特別会計から一般会計への特例的な繰入金を活用するとともに、２０１１（平成23）年度以降について財源確保の道筋を定めた「国民年金法等の一部を改正する法律等の一部を改正する法律案」が成立した。この国民年金法改正案では、税制の抜本的な改革により所要の安定財源を確保した上で、基礎年金国庫負担割合２分の１を恒久化することなどが定められている。

税制の抜本的改革については、所得税法等改正法附則第１０４条において、「経済状況を好転させることを前提として、遅滞なく、かつ、段階的に消費税を含む税制の抜本的な改革を行うため、平成23年度までに必要な法制上の措置を講ずる」ことが定められており、これに基づいて粛々と行っていくことが原則である。何らかの経済的事情等で遅れた場合でも、その間についても臨時の財源を手当てして国庫負担割合2分の1を維持することが国民年金法改正案には定められている。ここでも、目的税化の議論はあったようであるが、規定はされていない。

そして、社会保障・税一体改革を受けた消費税率の8%への引き上げに際し、消費税は、使途の明確化が規定された。消費税の収入については、地方交付税法に定めるところによるほか、毎年度、制度として確立された年金、医療及び介護の社会保障給付並びに少子化に対処するための施策に要する経費に充てるものとされた。

ヨーロッパの付加価値税は、一般財源でありこうした考え方はない。というより、公共サービスすべてが福祉のようなものであるからともいえるだろう。その意味では、これまでの日本の経済を支えた公共事業も雇用政策であり、比較的遅れていたインフラ整備であったことを考えれば福祉の一環である。ただ、インフラが整備されてきたこと、財政赤字が深刻になってきたことなどから、いつまでもこの方法は使えない。消費税を一般財源として、役に立つ福祉、役に立つ雇用へとシフトさせようということが重要となる。

24 財政のかたち—普遍主義か選別主義か

消費税は8％に引き上げられ、2017年4月から10％に引き上げられることとなった。いよいよ、標準税率2桁が視野に入り、軽減税率、ゼロ税率導入論が熱を帯びてきた。高い標準税率であるから、所得に対し逆進性があるから生活必需品については軽減税率をというのが議論の主な流れのようである。

確かに、EUの規定では、標準税率が15％以上と高く設定され、軽減税率は5％超、一部にそれより低い超軽減税率もある（20参照）。こうした高率の標準税率国の例をもとに、軽減税率、ゼロ税率の範囲、例外税率を入れることによる減収、そもそもインボイスのないままで複数税率はできるのか、いや簡便な給付をなどの細かい制度論がでてくる。

しかし、北欧のように、高い標準税率であっても比較的軽減税率が少なく、課税ベースの多くが標準税率の国もある。特に顕著なのはデンマークは標準税率は25％でも軽減税率はなく、ゼロ税率も新聞程度である。ほぼすべての財・サービスが標準税率という状況にある。可処分所得に対する食費の割合は北欧で均一的、ジニ係数が大きい南欧では低所得者の食費割合は高所得者よりかなり大きい。要は、社会保障や雇用政策によって所得平準化が行われ生活水準が均一で公共料金も低ければ、生活必需品にかける割合もあまり変わらず、軽減税率設定はそれほど大きな問題にはならないのである。

同様のことは、所得税についてもあてはまる。日本の場合、豊富な所得控除がある。基礎控除、配偶者控除、扶養控除、特定扶養控除、社会保険料控除、給与所得控除等により、課税ベースはかなり狭い。家庭内事項は、所得控除と勤務先の手当で対応するということになる。一方北欧では、最低所得税率が高いばかりでなく人的控除額が概して小さく、一定所得額を超えると減少するものもある。課税最低限はかなり低く、収入に対する実際の税負担率も一般に高い。

つまり、標準税率が上がるから軽減税率をというものではない。租税負担水準が低く再分配の水準が十分でないため、生活費の負担感を下げるため軽減税率が必要となるのである。普遍主義でなく、税負担も給付も選別してという場合、マイナンバー制度、インボイス制度による税負担や給付について公平で精緻なしくみがなければならない。こうした制度は高負担国のものと思われがちであるが、選別のためにこそより情報公開と政府への信頼が必要となる。

日本の制度は、サービス供給が、困った人を探して給付する選別主義的である一方、財源確保いいかえれば負担についても、支払可能な一部の納税者に負担を求める選別主義となっている。法人税の課税ベースは狭く、欠損法人も7割を超える。所得税は、家庭内事情を所得控除で対応し、これも課税ベースが狭い。子ども手当と高校無償化が変化の突破口になるかと思われたが、それも後退しつつある。1980年以降、選別主義の特徴である累進課税を簡素化してきたため、高額所得者の負担が著しく減少し、選別主義税制としての一貫性も欠けてきた。消費税こそ、一律の標準税率として導入されたが、税率引き上げに苦悶する。引き上げるとなれば、引き上げ幅が大きくなくとも低所得者対策が真っ先に検討課題となり、インボイス制度などは後回しであった。

こうした、サービスが選別的であるからその財源も選別的という考え方は、小さな政府を実現する効果があるが、企業や家計に政府を補完する余力がない以上、このまま続けていくことは難しい。サービス供給面だけでなく税制面でも課税ベースが広いヨーロッパ型の検討が待たれる。

所得税の所得控除見直しは、低所得者の負担増ばかりが懸念されるが、累進課税であれば高額所得者の負担増のほうがはるかに大きい。財政の規模を大きくするために、所得税は、総合課税で累進性を維持した上で公平性を図る。消費税は、インボイス制度を導入し、公平性を追求するとともに税率引上げを検討する。できるだけ普遍的な税制と普遍的行政サービスをもってこそ豊かな少子高齢社会を築くことが可能となるといえよう。

参考文献

1）*"Taxing Wages"* OECD, 2014, 及び各年度版。
2）*"Revenue Statistics"* OECD, 2014, 及び各年度版。
3）Gillian Paull, Jayne Taylor, Alan Duncan, *"Mothers' employment and childcare use in Britain"*, IFS, 2002.
4）Sijbren Cnossen ed., *"Towards a Dual Income Tax? -Scandinavian and Austrian Experiences"*, Foundation for European Fiscal Studies, 1996.
5）カール・S・シャウプ（柴田弘文、柴田愛子訳）『シャウプの証言』税務経理協会、1988年。
6）クラウディア・スコット編、古郡鞆子編訳『女性と税制―ジェンダーにみる福祉国家の再構築』東洋経済新報社、1999年。
7）石　弘光『土地税制改革』東洋経済新報社、1991年、
8）石　弘光『利子・株式譲渡益課税論』日本経済新聞社、1993年。
9）石村耕治『納税者番号制とプライバシー』中央経済社、1990年。
10）今井勝人「事業税外形標準課税問題と地方消費税構想」『現代の財政と税制』文眞堂、1994年。
11）大川政三「国民経済と財政」大川・池田編『新財政論』有斐閣、1986年。
12）木下和夫『税制調査会』税務経理協会、1992年。
13）小林　威編『移転価格税制の理論・実証研究』多賀出版、1998年。
14）佐藤　進『付加価値税論』税務経理協会、1973年。
15）佐藤　進・伊東弘文『入門租税論』三嶺書房、1988年。
16）佐藤　進・宮島　洋『戦後税制史（第二増補版）』税務経理協会、1990年。
17）神野直彦『二兎を得る経済学―景気回復と財政再建―』講談社、2001年。
18）神野直彦『人間回復の経済学』岩波書店、2002年。
19）神野直彦『財政学改訂版』有斐閣、2007年。
20）鈴木武雄『新訂版　近代財政金融』春秋社、1966年。
21）関口　智『現代アメリカ連邦税制―付加価値税なき国家の租税構造』東京大学出版会、2015年。
22）袖井孝子『男型社会から男女協同型社会へ―配偶者扶養控除制度の改革をめぐって―』市民立法機構ホームページ。
23）高橋　誠『日本財政のメカニズム』毎日新聞社、1971年。
24）竹下　登・平野貞夫監修『消費税制度成立の沿革』ぎょうせい、1993年。
25）中村良広『所得税改革―日本とドイツ』税務経理協会、2013年。
26）西野万里「法人事業税の問題点と改革の動向」『現代の財政と税制』文眞堂、1994年。
27）野口悠紀雄『現代日本の税制』有斐閣、1989年。
28）人見康子・木村弘之亮編『家族と税制』弘文堂、1998年。
29）古川卓萬編『付加価値税の国際動向』（財）地方自治総合研究所、1996年。

30）古川卓萬、星野　泉他『世界の財政再建』敬文堂、1998年。
31）宮内　豊「消費税の創設と改正」『ファイナンス』1995年１月号。
32）米原淳七郎『土地と税制』有斐閣、1995年。
33）和田八束編『現代の財政』世界書院、1990年。
34）和田八束『租税特別措置―歴史と構造―』有斐閣、1992年。
35）和田八束『税制改革の理論と現実』世界書院、1997年。
36）『間接税の現状』（財）大蔵財務協会、1987年。
37）『税制調査会中間報告』1986年。
38）『配偶者控除のあり方と少子化・子育て対策～望まれる一体的視点からの見直し～』日本総合研究所、2002年。
39）『シャウプ使節団日本税制報告書』1949年。
40）『シャウプ使節団新聞発表文』1950年。
41）European Commission HP.
42）Statistiska centralbyrån, Sweden, HP.
43）財務省 HP。

著者紹介

○星野《ほしの》　泉《いずみ》

東京生まれ。明治大学大学院政治経済学研究科博士前期課程修了、立教大学大学院経済学研究科博士後期課程単位取得。明星大学人文学部助教授、明治大学政治経済学部助教授を経て、2002年同教授、現在に至る。専攻は財政学、地方財政論。

主な著書に『現代の地方財政（第３版）』有斐閣（共編、2004年）、『分権型税制の視点』ぎょうせい（2004年）、『スウェーデン高い税金と豊かな生活』イマジン出版（2008年）、『グローカル財政論』税務経理協会（共編、2012年）、自治体財政がよくわかる本（共著、2014年）。

グリームブックス（Gleam Books）

著者から受け取った機知や希望の“gleam《ひらめき》”を、読者が深い思考につなげ“gleam”を発見する。そんな循環がこのシリーズから生まれるよう願って名付けました。

税のかたちは国のかたち
財政再建のための24のポイント

平成27年５月25日　発行

価格は表紙カバーに表示してあります。

著　者　　星野　泉

発　行　　株式会社　朝 陽 会　〒340-0003　埼玉県草加市稲荷2-2-7
電話（出版）　048（951）2879
http : www.choyokai.co.jp/

編集協力　有限会社　雅 粒 社　〒107-0052　東京都港区赤坂2-6-22-201
電話　03（5562）9218

ISBN978-4-903059-45-7
C0033　¥1000E

落丁・乱丁はお取り替えいたします。